MARTIN SCHEYTT

Theoretische Grundlagen
der bankgeschäftlichen Kreditgewährung

Die Unternehmung im Markt

Herausgegeben von
Prof. Dr. G. Bergler, Nürnberg, Prof. Dr. J. Fettel, Hamburg,
Prof. Dr. H. Linhardt, Nürnberg und Prof. Dr. E. H. Sieber, Heidelberg

Band 7

Verantwortlicher Herausgeber: Prof. Dr. J. Fettel

Theoretische Grundlagen
der bankgeschäftlichen Kreditgewährung

Kritischer Beitrag zur Kreditschöpfungstheorie

Von

Dr. Martin Scheytt

DUNCKER & HUMBLOT / BERLIN

Alle Rechte vorbehalten
© 1962 Duncker & Humblot, Berlin
Gedruckt 1962 bei Berliner Buchdruckerei Union GmbH., Berlin SW 61
Printed in Germany

Vorwort

Tatsachen, die wir im Interesse wissenschaftlicher Erkenntnis erfassen, sind nur in einer gedanklichen Ordnung zu begreifen. Ist diese logische Bedingung erfüllt, dann läßt sich jede Tatsache im Wege der Reduktion auf einen gesetzlichen Zusammenhang und dieser wiederum auf eine Grundannahme beziehen. Das bedeutet, daß alle Formen und alles Geschehen im menschlichen Bereich auf einen „zureichenden Grund" zurückgeführt werden können. Der zureichende Grund muß erkenntnistheoretisch nicht der letzte Bezugspunkt sein. Eine solche zureichende Grundannahme für den Bereich menschlichen Geistes ist das Zweckprinzip. Es genügt der durchgängigen Erklärung des Geschehens und der Systembildung[1].

Tatsachen auf denknotwendige Bezugspunkte, auf allgemein gültige Grundannahmen zurückführen zu wollen, bringt neue Fragestellungen und veranlaßt, frühere Urteile immer wieder zu überprüfen. Auch die Wahl des vorliegenden Themas läßt sich aus dieser Absicht heraus begründen. Die Anregung, einem Urteil der modernen Kredittheorie, der sog. Kreditschöpfungstheorie, in dem vorgenannten Sinne nachzugehen, verdanke ich meinem hochverehrten Lehrer Johannes Fettel. Die vorliegende Arbeit stützt sich auf die Grundlagen, die mir in mehrjähriger wissenschaftlicher Mitarbeit vermittelt wurden. Mein Dank gilt daher in besonderem Maße Herrn Professor Dr. J. Fettel. Auf Grund seiner engen Verbundenheit mit Wilhelm Rieger hatte ich außerdem die Möglichkeit, mit Herrn Professor Dr. Dr. h. c. W. Rieger das Thema meiner Arbeit zu diskutieren. Ich bin ihm ebenfalls zu großem Dank verpflichtet.

Zur Thematik dieser Arbeit ist folgendes vorauszuschicken:

Die Kreditschöpfungstheorie hat — wenn wir die Anfänge dieser Theorie einbeziehen — bereits ein ehrwürdiges Alter. Es ist daher nicht verwunderlich, daß die zugehörige Literatur sehr zahlreich ist. Wir haben auf eine literaturkritische Untersuchung jedoch verzichtet, und zwar aus folgenden Gründen:

Die Kreditschöpfungstheorie ist unter den ihr zugrunde liegenden Unterstellungen zu Ende diskutiert. Das bedeutet aber nicht, daß wir

---

[1] Fettel, Johannes, Betriebswirtschaftslehre als Geisteswissenschaft. Zu Wilhelm Riegers 80. Geburtstag, in: Zeitschrift für Betriebswirtschaft, 1958, S. 327.

uns den Prämissen dieser Theorie anschließen müssen. Die Prämissen erfordern nach unserer Auffassung eine Überprüfung. Da es uns nur um die Prämissen dieser Theorie geht, sehen wir von einer umfassenden Literaturverwendung ab. Diese Beschränkung wird der Geschlossenheit unserer Untersuchung zugute kommen.

Wir setzen uns also nur mit den Grundgedanken der Kreditschöpfungstheorie auseinander. Interessante, mit der Kreditschöpfungstheorie zusammenhängende Fragen bleiben daher unberücksichtigt, so z. B. bank-, währungs- und konjunkturpolitische Themen. Die bankgeschäftliche Kreditgewährung der Notenbank[2] und damit auch die Geldschöpfung dieser Institution liegen außerhalb unseres Untersuchungsbereiches.

Die Arbeit wurde im Frühjahr 1962 der Wirtschafts- und Sozialwissenschaftlichen Fakultät der Universität Hamburg als Dissertation eingereicht.

Martin Scheytt

---

[2] Nach § 19 Bundesbankgesetz (Gesetz über die Deutsche Bundesbank vom 26. Juli 1957, BGBl. I S. 745) zählen das Wechseldiskontgeschäft und das Lombardgeschäft zu den Bankgeschäften der Deutschen Bundesbank.

Inhalt

A. Einleitung: Orthodoxe und moderne Kredittheorie 9

B. Die Kreditschöpfungstheorie 12
    I. Die Grundgedanken der Kreditschöpfungstheorie 12
        1. Einleitung 12
        2. Die Kreditschöpfung der Einzelbank 12
        3. Die Kreditschöpfung des Bankensystems 17
    II. Gründe für eine Revision der Kreditschöpfungstheorie 21

C. Begriffliche Grundlagen 24
    I. Die Begriffe Geld und Kredit 24
        1. Einleitung 24
        2. Definition des Begriffes Geld 24
        3. Definition des Begriffes Kredit 32
    II. Der Begriff Kreditschöpfung 37
        1. Darstellung 37
        2. Kritik 38

D. Theoretische Erklärung der bankgeschäftlichen Kreditgewährung .. 41
    I. Die Banken im Kreditgeschäft 41
        1. Ein- und Verkauf — Geldumwandlungsprozeß 41
        2. Der Zahlungsverkehr 44
    II. Die Entstehung der Bankguthaben und die Herkunft der im Kredit weitergegebenen Mittel 56
    III. Die ökonomische Struktur der Kreditsequenzen 63
    IV. Die Zu- und Abnahme der Bankguthaben 69
    V. Kreditgewährungskapazität und Liquidität 72
    VI. Das geldliche Ende im Kreditgeschäft der Banken 77

E. Kausalität des Kreditgeschehens 80

F. Konsequenzen und Ergebnis 87

Literatur 90

A. Einleitung: Orthodoxe und moderne Kredittheorie

Die Banken nehmen und geben Kredit[1]. Darüber gibt es keinen Zweifel. Umstritten ist, woher die Banken die Mittel nehmen, die sie als Kredit weitergeben. Die ältere, orthodoxe Kredittheorie vertritt die Auffassung, eine Bank könne nicht mehr Kredit geben, als sie selbst empfangen habe. Diese Ansicht, die dem gesunden Menschenverstand zugänglich ist und für den Laien auch heute noch eine Binsenwahrheit, eine Selbstverständlichkeit ist, wird von der modernen Kredittheorie abgelehnt. Nach der modernen Kredittheorie sind die Banken in ihrer Kreditgewährung unabhängig von den Mitteln, die ihnen im passiven Kreditgeschäft zufließen; die Banken schaffen sich selbst die Mittel, die sie zur Kreditgewährung benötigen. Dieser krasse Gegensatz ist in den Einzelheiten der Theorie teils oberflächlicher, teils grundlegender Natur; die unterschiedlichen Einsichten in die kreditwirtschaftlichen Zusammenhänge werden jedenfalls von dieser Gegensätzlichkeit beherrscht.

Im Brennpunkt des Widerstreites steht die Frage, wie die Einlagen, die kurzfristigen Verbindlichkeiten[2] der Banken entstehen. Die Antwort auf diese Frage muß dann zwangsläufig auch die Erklärung enthalten, woher die Mittel stammen, die im kurzfristigen Kredit der Banken zur Verfügung gestellt werden, weil — in der Sprache der Bilanz-Arithmetik ausgedrückt — jedem Aktivum ein gleich hohes Passivum, oder umgekehrt, jedem Passivum ein gleich hohes Aktivum gegenüberstehen muß. Mit der Entstehung der Einlagen verbindet sich eine weitere, sehr wichtige Frage: Ist die Einlage primär und der Kredit sekundär, oder ist der Kredit primär und die Einlage sekundär, mit anderen Worten: setzt das aktive Kreditgeschäft der Banken das passive voraus oder umgekehrt?

Nach der älteren, sog. orthodoxen Auffassung[3] entsteht jede Einlage, jedes Bankguthaben durch eine Geldeinzahlung. In dieser knappen Aussage erscheint diese Vorstellung recht primitiv. Sie ist es aber nicht. — Mit ihr sind bereits weitreichende Konsequenzen für den geldtheoretischen Aspekt, für den funktionalen Zusammenhang zwi-

---

[1] „Kredit" verstehen wir zunächst als darlehensweise Überlassung von Geld und verweisen auf unsere spätere Kreditdefinition.
[2] Im englischen Sprachgebrauch die „deposits".
[3] Siehe Wagner, Valentin F., Geschichte der Kredittheorien. Eine dogmenkritische Darstellung, Wien 1937, S. 23 ff.

schen Bargeld und Buchgeld im sog. Mischgeldsystem[4] angedeutet. —
Am Anfang steht das Bargeld, das Währungsgeld, das gesetzliche Zahlungsmittel, und nur durch dieses Geld entstehen die Bankeinlagen, das sog. Buchgeld der Banken. Die Einlagen, die durch Übertragung (Überweisung, Scheckzahlung usw.) gebildet werden, sind derivative Einlagen, sie sind Abkömmlinge der originär durch Einzahlung von Bargeld entstandenen Einlagen. Auch diejenigen Einlagen, die durch eine Übertragung aus einem Kreditguthaben, aus einem eingeräumten Kredit entstehen, sind abgeleitete Einlagen, denn der Kreditnehmer hat die Mittel bekommen, die die Bank in der ursprünglichen Einlage erhalten hat. Banktechnisch gesehen, führt also sowohl die Geldeinzahlung als auch die Guthabenübertragung zu Einlagen, ursprünglich handelt es sich stets um eine Geldeinzahlung. In der Bankbilanz geschieht folgendes: Auf der Aktivseite wird „eingelegt", dort erscheint ein Vermögenszugang (Kasse oder Forderung); auf der Passivseite wird die Einlage gutgeschrieben. Originär ist also die Einlage auf der Aktivseite, der derivativ die Gutschrift auf der Passivseite gegenübersteht.

So wird das Entstehen der Bankeinlagen von den älteren Banktheoretikern verstanden, und so wird es auch heute noch in den meisten Lehrbüchern über die Bankgeschäfte dargestellt.

Wenn im Sinne der orthodoxen Theorie alle Bankeinlagen ursprünglich auf eine Geldeinzahlung zurückzuführen sind, also auch diejenigen, die über einen in Anspruch genommenen Kredit entstehen, dann ist es nur noch ein kleiner Schritt zu der Schlußfolgerung, daß die Banken im Kredit die Mittel weitergeben, die sie zuvor von ihren Einlegern empfangen haben. Das bedeutet: Die Banken sind Vermittler von Kredit[5]; sie vermitteln im aktiven Kreditgeschäft den Kredit, den sie im passiven Kreditgeschäft erhalten haben. Sie können nicht mehr vermitteln, als sie empfangen haben. Damit ist das passive Kreditgeschäft die Voraussetzung für das aktive Kreditgeschäft. Die Einlage ist primär und der Kredit sekundär.

Für die moderne Kredittheorie[6] liegen die Dinge gänzlich anders. Sie hat, um es bildhaft auszudrücken, die alte Theorie auf den Kopf

---

[4] Unsere gegenwärtige Geldverfassung.

[5] In der Kontroverse zwischen orthodoxer und moderner Kredittheorie stehen sich die beiden Begriffe Kreditvermittlung und Kreditschöpfung antithetisch gegenüber. Aus diesem Grunde übernehmen wir den Begriff Kreditvermittlung, obwohl er den Sachverhalt zu einfach und ungenau kennzeichnet. Vgl. dazu die kritischen Ausführungen von Somary und v. Bortkiewicz. Somary, Felix, Bankpolitik, 3. Aufl., Tübingen 1934, S. 1 ff.; v. Bortkiewicz, L., Das Wesen, die Grenzen und die Wirkungen des Bankkredits, in: Weltwirtschaftliches Archiv, 17. Bd., 1921, S. 70 ff.

[6] Siehe Wagner, Valentin F., a.a.O., S. 145 ff.; Hellwig, Hans, Kreditschöpfung und Kreditvermittlung, Untersuchungen über den modernen In-

A. Einleitung: Orthodoxe und moderne Kredittheorie

gestellt: Der Kredit ist primär und die Einlage sekundär. Das Entstehen einer Einlage setzt den Kredit voraus. Die Theorie erklärt das im einfachsten und zugleich im krassesten Fall auf folgende Weise: Eine Bank gewährt Kredit, indem sie den Kreditnehmer in ihren Büchern sowohl belastet als auch erkennt. In der Bankbilanz erscheint originär ein Aktivum und derivativ ein Passivum, eine Forderung an den Kreditnehmer und eine Verbindlichkeit gegenüber dem Kreditnehmer in gleicher Höhe[7]. Mit der Kreditgewährung ist also gleichzeitig eine Einlage entstanden, die auch dann noch erhalten bleibt, wenn über den Kredit verfügt wird; sie wechselt dann nur den Eigentümer und erscheint in den Büchern der Bank, die den Kredit gegeben hat, oder bei einer anderen Bank.

Der entscheidende Ansatzpunkt der modernen Theorie ist in dieser Umkehrung dort zu finden, wo sie über die Herkunft der im Kredit übertragenen Mittel aussagt: Die Bank schafft sich die Mittel selbst. Ihre Kredite erzeugen die Mittel, die Guthaben, über die der Kreditnehmer verfügt. Die Bank gibt keinen Kredit aus Mitteln, die sie zuvor von Dritten, von ihren Einlegern erhalten hat; sie schöpft diese Mittel aus dem Nichts. Die Bank leiht ihren eigenen Kredit aus; sie gibt Zahlungsversprechen, hinter denen kein Geld steht. Sie kann das, weil die gewährten Kredite auf giralem Wege (mittels Scheck oder Überweisung) in Anspruch genommen werden. Die Kreditgewährung ist daher ohne Bargeld möglich, und damit sind die Banken in ihrer Kredithingabe autonom. Ob ein Kreditnachfrager einen Kredit erhält, hängt nur noch von dem Wollen oder Nichtwollen der Bank ab. Im Gegensatz zur alten Lehre sind die Banken jetzt nicht mehr kreditvermittelnd, sondern kreditschöpfend tätig: die Banken schöpfen Kredit.

---

flationismus, Stuttgart 1958, S. 199 ff.; Feifel, Hermann, Die Anwendbarkeit der modernen Kreditschöpfungslehre auf die besondere Art des Sparkassengeschäfts, Berlin 1959, S. 21 ff.
[7] Sog. angelsächsische Buchungsweise für loans und advances.

B. Die Kreditschöpfungstheorie

I. Die Grundgedanken der Kreditschöpfungstheorie

1. Einleitung

Die These der Kreditschöpfungstheorie von ihren Anfängen an bis heute ist nicht dieselbe gewesen und geblieben. Sie tritt in verschiedenen Modifikationen auf, die zum Teil sehr stark divergieren. Das führt sogar so weit, daß der ursprünglich gemeinsame theoretische Ausgangspunkt kaum mehr erkennbar ist.

Wenn wir uns anschließend ausschließlich der modernen Theorie zuwenden, dann beschränken wir unsere Darstellung auf die Grundvorgänge der sog. Kreditschöpfung, weil unser Interesse darauf gerichtet ist, nur die grundlegenden Überlegungen der Kreditschöpfungstheorie der Kritik zu unterwerfen.

Der Kreditschöpfungsvorgang wird in der Literatur meistens in Verbindung mit geld- und kredittheoretischen Fragen dargeboten. Wenn wir von den geld- und kredittheoretischen Standorten einmal absehen, dann bleiben uns zwei völlig voneinander abweichende Fassungen der sog. Kreditschöpfung der Banken: einmal die Kreditschöpfung der Einzelbank und zum anderen die Kreditschöpfung des Bankensystems.

Diese beiden Fassungen lassen sich allerdings ohne Schwierigkeiten weiter unterteilen. Doch damit gewinnen wir nicht viel für das Verständnis der sog. Kreditschöpfungsvorgänge. Die Unterscheidung „Kreditschöpfung der Einzelbank" und „Kreditschöpfung des Bankensystems" ist so zu verstehen: Im letzten Fall wird nur dem Bankensystem die Fähigkeit zuerkannt Kredite zu schöpfen, nur das Zusammenwirken der Banken des Systems ermöglicht eine Kreditschöpfung. Nach der ersten Version hat bereits die Einzelbank diese Möglichkeit. Es versteht sich von selbst, daß die Kreditschöpfung der Einzelbank auch Kreditschöpfung innerhalb des Bankensystems ist. Die Kreditschöpfung der Einzelbank und die Kreditschöpfung (nur) des Bankensystems sind jedoch zwei grundverschiedene Sachverhalte, die scharf auseinandergehalten werden müssen.

2. Die Kreditschöpfung der Einzelbank

Der Grundgedanke der Theorie, die der Einzelbank die Fähigkeit zur Kreditschöpfung zuschreibt, ist derjenige, den wir bereits genannt

I. Die Grundgedanken der Kreditschöpfungstheorie

haben: Die Banken schaffen sich die Mittel, die sie ihren Kreditnehmern zur Verfügung stellen, selbst. Diese, im Sinne der modernen Theorie neue Erkenntnis wurde in der Literatur auf verschiedene Weise gewonnen und begründet.

Die Lehre von der Kreditschöpfungsfähigkeit der Einzelbank geht von folgender Voraussetzung aus: Das gegenwärtige Währungssystem ist ein sog. Mischgeldsystem, ein System, in dem sowohl Bargeld (gesetzliches Zahlungsmittel) als auch Buchgeld (Giralgeld, Bankguthaben) zu Zahlungen verwendet werden. Das Buchgeld schaffen sich die Banken selbst. Dieses Buchgeld ist das Geld innerhalb der Geschäftssphäre, und innerhalb dieses Bereichs leistet dieses Geld dieselben Dienste wie das Bargeld, es wird zu Zahlungen verwendet und in Zahlung genommen. Die daraus resultierende quantitative Überlegenheit des Buchgeldes gegenüber dem Bargeld versetzt die Einzelbank in die Lage, den größten Teil ihrer Zahlungsversprechen mit einem Geld zu erfüllen, das sie selbst schaffen kann. Das Vorherrschen eines Geldes, das der Eigenmächtigkeit der Banken unterliegt, gestattet es damit der Einzelbank, Buchgeldkredite in einem Ausmaß zu gewähren, das vorwiegend ihrem Ermessen überlassen ist. Lediglich die Bindung des Buchgeldes an das rechtlich übergeordnete, von den privaten Banken nicht eigenmächtig vermehrbare Bargeld schafft eine absolute Grenze für die Kreditgewährung. Bestünde diese Bindung nicht, dann wären die Banken völlig autonom. Das Nebeneinander von Bargeld und Buchgeld, das den Zahlungsgewohnheiten, der quantitativ unterschiedlichen Verwendung durch die Zahlungsgemeinschaft unterworfen ist, bringt jedoch jede einzelne Bank in die Abhängigkeit vom Bargeld. Diese Abhängigkeit, die den Kreditschöpfungsspielraum bestimmt, ist für alle Banken generell, in der Intensität für die einzelne Bank aber individuell.

Die Theorie hat verschiedene Wege beschritten, um den Kreditspielraum zu bestimmen, der der Einzelbank belassen ist. Seit Hahns „Volkswirtschaftliche Theorie des Bankkredits"[1] bedient sich die Theorie häufig der modellhaften Darstellung. Sie beginnt mit einem stark vereinfachten Modell, das mit abnehmender Abstraktion modifiziert, den tatsächlichen Verhältnissen angepaßt wird[2]. Die Darstellung im Modell bedarf eines geeigneten Ausdrucksmittels; das sind die Methoden und Symbole der doppelten Buchführung. Die moderne Theorie gibt dabei der sog. angelsächsischen Buchungsmethode deshalb

---
[1] Hahn, L. Albert, Volkswirtschaftliche Theorie des Bankkredits, 3. Aufl., Tübingen 1930.
[2] Z. B. Schilcher, Rudolf, Geldfunktionen und Buchgeldschöpfung. Ein Beitrag zur Geldtheorie, Berlin 1958, S. 108 ff.; Schneider, Erich, Einführung in die Wirtschaftstheorie. III. Teil, Geld, Kredit, Volkseinkommen und Beschäftigung, 6. verbesserte und erweiterte Aufl., Tübingen 1961, S. 14 ff.

den Vorzug, weil mit ihr der Kreditschöpfungsvorgang einfacher dargestellt werden könne. Bei der angelsächsischen Buchungsmethode wird nämlich der Kreditnehmer gleichzeitig (uno actu) in den Büchern der Bank auf dem Kreditkonto mit dem ganzen Kreditbetrag belastet und auf einem Guthabenkonto in der entsprechenden Höhe erkannt. Der in Anspruch genommene Kredit ergibt sich dann jeweils aus der Differenz zwischen Kreditkonto und Guthabenkonto[3]. Nach der kontinentaleuropäischen Buchungsmethode hingegen wird nur der tatsächlich in Anspruch genommene Kredit erfaßt. Es sei hier vorweg betont, daß die angelsächsische Buchungsmethode für die Beweisführung der Kreditschöpfungstheorie untauglich ist. Sie ist nur Darstellungsmittel. Für unsere Zwecke genügt es, wenn wir das erste Modell erläutern, auf dem die Modelle mit geringerem Abstraktionsgrad aufbauen. Es handelt sich um das Modell eines Mehrbankensystems mit ausschließlich bargeldlosem Zahlungsverkehr.

Kreditvorgänge im Mehrbankensystem mit ausschließlich bargeldlosem Zahlungsverkehr:

Die bargeldlose Wirtschaft kennt nur eine einzige Geldart, das Buchgeld, die Sichtguthaben der Banken. In dieser Wirtschaft vollziehen sich sämtliche Zahlungsvorgänge durch Übertragung von Bankguthaben. Es existiert kein körperliches Geld; das vorhandene Geld existiert nur in den Büchern der Banken, und neues Geld entsteht ebenfalls nur in diesen Büchern. Ein Liquiditätsproblem gibt es in diesem System nicht. Diesen Voraussetzungen entsprechend geht die Kreditierung auf folgende Weise vor sich: Der Kreditnehmer K_1 wird von der kreditgebenden Bank A auf einem Kreditkonto in Höhe des bewilligten Kreditbetrages (100 Geldeinheiten, GE) belastet. Der Gegenwert wird auf einem Kontokorrentkonto gutgeschrieben. Damit erwirbt die Bank eine Forderung gegenüber dem Kreditnehmer und dieser eine Forderung in gleicher Höhe gegenüber der Bank. Die Forderung, die der Kreditnehmer erworben hat, ist neues Geld, das die kreditgebende Bank geschaffen hat. In den Büchern der Bank A und des Kreditnehmers K_1 steht nun folgendes:

Bank A		K_1	
Debit. (K_1) 100	Kred. 100	Bankguth. 100	Bankverb. 100

---

[3] Diese sog. angelsächsische Buchungsmethode wird in der Praxis nur bei loans und advances (feste Darlehen) angewandt, nicht jedoch bei overdrafts (Überziehungen). In der englischen Bankpraxis überwiegen die overdrafts; loans und advances sind relativ selten. Siehe Gilbart, J. W., The History, Principles and Practice of Banking, London 1892, Vol. I, p. 249; Sayers, R. S., Modern Banking, 5th ed., Oxford 1960, p. 13 f.

I. Die Grundgedanken der Kreditschöpfungstheorie

Wird nun der Kredit in Anspruch genommen, dann beginnt das von der Bank geschaffene Kreditguthaben zu zirkulieren. Falls der Kreditnehmer K_1 und derjenige, an den dieses Kreditguthaben übertragen wird (= K_2), Kunden derselben Bank sind, findet bei dieser lediglich ein Kreditorenaustausch statt.

Bank A		K_1	
Debit. (K_1) 100	Kred. (K_2) 100	—	Bankverb. 100

K_2	
Bankguth. 100	—

Ist hingegen der Empfänger Kunde einer anderen Bank (B), so muß das Guthaben auf die Empfängerbank überschrieben werden. Diese Forderung der Bank B kann jedoch ausgeglichen werden, wenn die kreditgebende Bank A eine gleich hohe Gegenforderung an die Bank B hat. Das neu geschaffene Guthaben wird damit gegen ein anderes eingetauscht. Ist eine solche Aufrechnungsmöglichkeit nicht vorhanden, dann muß die Forderung gestundet werden, anders gesagt, dann muß die Empfängerbank B die kreditgebende Bank A kreditieren.

Bank A		K_1	
Debit. (K_1) 100	Nostroverpfl. 100	—	Bankverb. (A) 100

Bank B		K_2	
Nostroguthaben (A) 100	Kred. (K_2) 100	Bankguth. (B) 100	—

Das Modell zeigt folgendes:
a) Sind die Empfänger der Kreditguthaben auch Kunden derjenigen Bank, die den Kredit gegeben hat, dann kann diese Bank in beliebigem Ausmaß Kredite einräumen und aus diesen Krediten in Anspruch genommen werden.
b) Die Kreditgewährung einer Bank an eine Nicht-Bank, die dazu führt, daß eine zweite Bank im Bankensystem eine Forderung gegen die erste Bank erwirbt, setzt voraus, daß die zweite Bank bereit ist, die erste Bank zu kreditieren. Das bedeutet, daß die Höhe des Kreditvolumens abhängig von der Höhe des Kredits ist, den die Banken unter sich zu gewähren bereit sind.

c) Gewähren mehrere oder sämtliche Banken des Systems in der Weise und in dem Ausmaß Kredite, daß sich alle dadurch entstehenden Forderungen und Gegenforderungen kompensieren, dann gibt es für die beteiligten Banken keine Kreditgrenze. — Dieses simultane Vorgehen der Banken ist in der Theorie als Gleichschrittstheorem bekannt[4].

Die Theorie hat aus diesem Modell, das erstmals von Hahn konsequent und radikal zur Begründung seiner Theorie angewendet wurde, weitreichende Schlüsse gezogen, von denen hier aber nur diejenigen interessieren, die sich auf den Kreditschöpfungsvorgang beziehen.

So kommen beispielsweise Hahn[5] und Gestrich[6] zu folgendem, bereits genannten Ergebnis: Die Banken schaffen sich die Mittel, die sie zur Kreditgewährung benötigen, selbst, indem sie ihren eigenen Kredit in Form von Guthaben den Kreditnehmern zur Verfügung stellen. Jeder Kredit, der von einer Bank gegeben wird, führt zur Entstehung einer Einlage, die gleichzeitig das dem Kredit entsprechende Deckungsmittel ist. Kredit und Einlage entstehen uno actu. Der Kredit ist die Voraussetzung für die Einlage; diese ist lediglich eine Reflexerscheinung des Kredits. Das aktive Kreditgeschäft der Banken erweist sich danach als das Primäre; das passive Kreditgeschäft ist sekundärer Art.

Hahn[7] versucht, seine aus dem Modell gewonnenen Ergebnisse für die Empirie durch die Aussage zu verifizieren, daß im System des Mischgeldes zwar ein Bargeldbedarf entsteht, da die von der kreditgewährenden Bank eingegangenen Zahlungsverpflichtungen zu einem Bargeldabfluß führen können, daß aber trotzdem für die Banken daraus kein Liquiditätsproblem erwächst, weil die Notenbank jegliches Geldbedürfnis der Banken befriedigen wird. Die absolute Liquidität verleiht damit den Banken auch im System des Mischgeldes eine völlige Kreditautonomie. — Gestrich[8] sieht die Zusammenhänge zwischen Kassenhaltung und Kreditgewährung der Banken etwas realistischer als Hahn. Die Zahlungsverpflichtungen der Banken, die ihnen aus den Einlagen und eingeräumten Kreditguthaben erwachsen, müssen die Banken teilweise in Bargeld erfüllen. Da aber die dafür erforderlichen Mittel (Kassenbestand, Zentralbankguthaben) von den Banken selbst nicht geschaffen werden können, so argumentiert

---

[4] Siehe Moeller, Hero, Gleichschritt der Banken, in: Weltwirtschaftliches Archiv, Bd. 70, 1953, S. 167 ff.
[5] Hahn, L. Albert, a.a.O., S. 22 ff.
[6] Gestrich, Hans, Kredittheorie und Wirklichkeit, in: Weltwirtschaftliches Archiv, Bd. 52, 1940, S. 277 ff.
[7] Hahn, L. Albert, a.a.O., S. 74 ff.
[8] Gestrich, Hans, Kredit und Sparen, herausgegeben von Walter Eucken, 3. Aufl., Düsseldorf und München 1957, S. 56 ff.

Gestrich, ist die Kreditschöpfungsmöglichkeit einer Bank abhängig von dem Verhältnis der bei ihr vorhandenen bzw. erforderlichen Liquiditätsreserve zu ihren sämtlichen Zahlungsverpflichtungen.

Aus diesem Verhältnis läßt sich — im Sinne dieser Theorie — die theoretisch maximale Expansionsfähigkeit, der Kreditschöpfungskoeffizient für die einzelne Bank ableiten. Erfordert beispielsweise die Summe aller Zahlungsverpflichtungen bei einer bestimmten Bank eine Liquiditätsreserve von 25 % und erhält die Bank über diese 25 % hinaus einen Zahlungsüberschuß aus ihren Ein- und Auszahlungen von 1000 GE, dann kann sie ihre Kredite um ein Mehrfaches dieser Überschußreserve, in dem beispielhaften Fall also um das Vierfache (= 4000 GE) ausdehnen.

Wir haben es bisher unterlassen, neben dem Buchkredit auch noch andere Kreditformen in die Darstellung einzubeziehen. Prinzipiell ist die Form, in welcher der Kredit von der Einzelbank gewährt wird, für die theoretische Voraussetzung der Kreditschöpfung unerheblich. Das Kreditvolumen ist dasselbe, gleichgültig ob sie 1 Mio. Buchkredite gewährt oder Wechsel in Höhe von 1 Mio. aufkauft. Es sind vornehmlich Liquiditätsrücksichten, also liquiditätspolitische Aspekte, die eine Bank veranlassen, nicht ausschließlich Buchkredite zu erteilen, sondern auch zu Teilen Kredite im Wege des Diskonts zu geben, weil damit — unter gewissen Bedingungen — der Rückgriff auf die Notenbank für die Bank möglich ist.

Zusammenfassend stellen wir fest: In der modernen Kredittheorie wird die Auffassung vertreten, der Einzelbank innerhalb des Bankensystems sei es möglich, auf der Grundlage einer Überschußreserve Kredite in einem Umfang zu geben, der das Vielfache dieser Überschußreserve beträgt. In der Systematik Wagners ist das die „Lehre von der multiplen giralen Kreditkreation der Einzelbank"[9].

3. Die Kreditschöpfung des Bankensystems

Die Lehre von der multiplen giralen Kreditkreation der Einzelbank hat innerhalb der modernen Kredittheorie starken Widerspruch hervorgerufen. Ein großer Teil der modernen Autoren bestreitet die Fähigkeit der Einzelbank zur multiplen giralen Kreditkreation. Nach ihrer These ist eine Kreditschöpfung nur dem Bankensystem, d. h. einer Mehrzahl von Banken möglich. Das Hauptargument gegen die Kreditschöpfung der Einzelbank ist folgendes: Die Thoerie von der

---

[9] Wagner, Valentin F., a.a.O., S. 154.

Kreditautonomie der Einzelbank setze den Gleichschritt aller Banken bei der Kreditgewährung voraus. Unter Gleichschritt versteht die Theorie gleichzeitiges und gleichmäßiges Vorgehen aller Banken. Nur unter dieser Voraussetzung könne ein völliger Ausgleich der Forderungen und Gegenforderungen unter den Banken stattfinden, welcher einen Bargeldabfluß bei der Einzelbank verhindere. Dieses Im-Gleichschritt-Gehen hätte aber zur Bedingung, daß allen Banken gleichzeitig neues, zusätzliches Bargeld zufließt. Nach der Theorie von der Kreditschöpfung des Bankensystems kann diese Bedingung keine empirische Geltung beanspruchen, sie hält diese für unwahrscheinlich und willkürlich.

Die Kreditschöpfung des Bankensystems wird seit Phillips[10] in fast unveränderter Form[11] an folgendem Modell demonstriert: Sämtliche Banken des Systems befinden sich in einer Gleichgewichtslage, d. h. sämtliche Forderungen und Gegenforderungen der Banken untereinander sind aufgerechnet und keine der Banken verfügt über eine Überschußreserve, die sie zur Kreditexpansion veranlassen könnte. Nun fließt einer einzigen Bank im Bankensystem neues Geld von außerhalb zu, beispielsweise durch eine Bareinlage oder durch eine Kreditrückzahlung. Diese Bank kann jetzt neue Kredite gewähren, und zwar in Höhe des ihr zugeflossenen Geldes abzüglich der erforderlichen Kassenreserve. Aus dieser Kreditgewährung entsteht nach der Verfügung über diesen Kredit für die Bank im Abrechnungsverkehr (clearing) ein Sollsaldo, den sie mit Bargeld (Notenbankguthaben) auszugleichen hat[12]. Dieses bei der ersten Bank abgehende Bargeld wird bei einer zweiten Bank eingelegt, die nun ihrerseits Kredite unter Berücksichtigung des erforderlichen Reservesatzes zu gewähren vermag. Dieser Vorgang setzt sich weiter fort; das für jede nachfolgende Bank „neue" Bargeld wird — in stets abnehmendem Umfang — über das gesamte Bankensystem zerstreut. Bei jeder Bank bildet es jeweils die erforderliche Kassenreserve. In diesem linearen Verteilungsprozeß ist das anfänglich eingezahlte Bargeld die Grundlage für eine mehrfache Kreditausdehnung im gesamten System. — Die folgende tabellarische Übersicht soll zeigen, wie sich dieser Dispersionsprozeß nach dem Modell zahlenmäßig niederschlägt. Die Barreserve betrage jeweils 10 % des bei jeder Bank eingehenden Bargeldes:

---

[10] Phillips, Chester Arthur, Bank Credit. A study of the principles and factors underlying advances made by banks to borrowers. New York 1920, p. 32 ff.
[11] Z. B. Schneider, Erich, a.a.O., S. 41 ff.
[12] Es wird hier mit der Unterstellung gearbeitet, daß das im Wege des Kredits zur Verfügung gestellte Geld nicht zur kreditgebenden Bank zurückkommt.

I. Die Grundgedanken der Kreditschöpfungstheorie

Bank	(1) Neues Bargeld	(2) Neuer Kredit	(3) Kassenreserve
I.	1 000,—	900,—	100,—
II.	900,—	810,—	90,—
III.	810,—	729,—	81,—
IV.	729,—	656,10	72,90
V.	656,10	590,49	65,61
.	.	.	.
.	.	.	.
Summe der Spalten (1), (2) und (3):	(10 000,—)	(9000,—)	(1000,—)

Jede dieser Zahlenspalten stellt eine unendliche geometrische Reihe dar. Spalte (1) zeigt, daß einschließlich des ursprünglich eingezahlten Bargeldes eine zehnfache Guthabenentstehung stattgefunden hat. Aus Spalte (2) geht hervor, daß auf Grund des zuerst eingezalten Geldes das Neunfache dieses Betrages als Kredit gegeben werden konnte. Die Spalte (3) schließlich weist die verteilten Kassenreserven in der Höhe des zuerst eingezahlten Bargeldes aus.

Nach dem Modell ist eine Kreditschöpfung nur durch mehrere zeitlich aufeinanderfolgende Kreditakte einer Anzahl von Banken innerhalb des Bankensystems möglich. Die einzelnen Kreditakte kommen jeweils auf der Grundlage einer baren Überschußreserve zustande, über die jede der kreditgewährenden Banken verfügen muß. Da die Überschußreserve stets aus dem ursprünglich eingezahlten Bargeld gebildet, dieses Bargeld also mehrmals zur Kreditgewährung verwendet wird, versteht die Theorie diesen Vorgang als Kreditschöpfung des Bankensystems.

Das dargestellte Modell ist heute in nahezu allen Untersuchungen, die sich mit der Kreditschöpfung auseinandersetzen, anzutreffen. Die grundsätzlichen Überlegungen Phillips sind zur herrschenden Meinung geworden. Darüber hinaus hat man versucht, alle diejenigen Faktoren, die im Zusammenhang mit der Kreditgewährung der Banken stehen, quantitativ zu erfassen und sie in ein mathematisches Gleichungssystem einzubeziehen. Derartige Faktoren sind beispielsweise die Zahlungsgewohnheiten der Bankkundschaft (das Verhältnis zwischen Bargeldzahlung und Girozahlung), die von der Einzelbank für erforderlich gehaltene Kassenreserve, die Mindestreserve, der Verlauf des Dispersionsprozesses (lineare, zirkulare, wechselseitige und rückläufige Dispersionen). Im Ergebnis führt dies dann zur Berechnung von Kredit- bzw. Geldschöpfungsmultiplikatoren bzw. -koeffizienten[13/14].

---

[13] Wir werden später auf den banktheoretischen Inhalt der Begriffe Kreditschöpfung und Geldschöpfung eingehen.
[14] Eine Übersicht der in der Literatur entwickelten Geld- und Kredit-

Die Art, wie sich die Überschußreserve über das Bankensystem verteilt, und die das Reserveverhältnis bestimmenden Faktoren haben — im Sinne der Kreditschöpfungstheorie — lediglich einen Einfluß auf den sog. Kredit- bzw. Geldschöpfungsmultiplikator. Die Grundlagen der Theorie werden davon nicht berührt.

Die These der „Lehre von der multiplen giralen Kreditkreation des Bankensystems"[15] läßt sich kurz so formulieren: Unter bestimmten Voraussetzungen ermöglicht ein Bargeldzuwachs dem Bankensystem eine im Verhältnis zum Bargeldzufluß multiple Kreditschöpfung; das Vielfache der Kreditschöpfung wird durch das erforderliche Reserveverhältnis der einzelnen Banken bestimmt.

Zu Beginn unserer Ausführungen haben wir der orthodoxen Theorie diejenige Version der modernen Theorie gegenübergestellt, nach der schon die Einzelbank zur Kreditschöpfung fähig ist. Das geschah zunächst deshalb, um den Gegensatz schärfer herauszuheben. Nachdem nun beide Versionen dargestellt sind, stellt sich die Frage, wodurch die beiden Kreditschöpfungsvorgänge sich wesentlich unterscheiden.

Das Bankkreditvolumen innerhalb einer Volkswirtschaft entsteht unabhängig davon, ob es eine Theorie von der Kreditschöpfung der Einzelbank oder eine solche des Bankensystems gibt. Das ist im Grunde genommen eine Selbstverständlichkeit, denn beide Theorien sind nur Erklärungsversuche dafür, auf welche Weise das Bankkreditvolumen zustande kommt. Das bedeutet, daß beide Theorien zu gleichen quantitativen Ergebnissen führen müßten. Auch das ist wiederum eine Selbstverständlichkeit, denn beide Theorien wollen richtig sein in dem Sinne, das real vorhandene Bankkreditvolumen müsse entsprechend den ihrer Theorie zugrunde liegenden Voraussetzungen entstanden sein. Der Unterschied der beiden Theorien liegt also nicht im Quantitativen, sie unterstellen lediglich einen andersartigen Verlauf der Kreditexpansion. Der Akzent liegt dabei nicht einmal so sehr auf dem Vorgang selbst, sondern bedeutsam ist für beide Theorien, in welcher Weise die einzelne Bank an dem sog. Kreditschöpfungsvorgang beteiligt ist. Die Beteiligung der einzelnen Bank kommt in den skizzierten Kreditschöpfungsvorgängen zum Ausdruck. Die beiden Vorgänge unterscheiden sich im Grundsätzlichen durch die zeitliche Divergenz der Prozeßabläufe. Die Einzelbank ist in ihrer Kreditschöpfung — nach der ersten Theorie — sofern sich die Kreditbeziehungen auf die expandierende Bank beschränken, in bestimmten Grenzen unabhängig. Werden auch die übrigen Banken des Systems oder ein Teil davon in die Kreditbeziehungen einbezogen, dann ist die Kreditschöp-

---

schöpfungskoeffizienten bringen Wagner und Schilcher. Wagner, Valentin F., a.a.O., S. 164 ff.; Schilcher, Rudolf, a.a.O., S. 179 ff.
[15] Wagner, Valentin F., a.a.O., S. 154.

fung der Einzelbank abhängig vom gleichzeitigen und gleichgerichteten Verhalten der beteiligten Banken des Systems. Im Gegensatz dazu findet nach der zweiten Theorie die Kreditschöpfung des Bankensystems dann statt, wenn ein Bargeldüberschuß von mehreren Banken nacheinander zur Kreditgewährung verwendet wird. Die zweite Kreditschöpfungsversion geht also ebenfalls von einem gleichgerichteten Verhalten der beteiligten Banken aus. Sie unterscheidet sich von der ersten Theorie aber dadurch, daß sie nicht gleichzeitige, sondern zeitlich aufeinanderfolgende Kreditgewährungen, die alle in voller Höhe Bargeld erfordern, unterstellt.

II. Gründe für eine Revision der Kreditschöpfungstheorie

Wir sind der Auffassung, daß die theoretischen Grundlagen der modernen Kredittheorie, soweit sie sich auf die sog. Kreditschöpfung der Einzelbank und des Bankensystems beziehen, nicht einwandfrei sind. Wir sind ferner der Auffassung, daß der Sachverhalt, um den es in der Kreditschöpfungstheorie geht, und die Urteile dieser Theorie im logischen Sinne nicht identisch sind, daß sie divergieren. Wahrheit ist aber nur dort, wo Identität zustande kommt. Die Identität könnte allerdings auch nur scheinbar nicht vorhanden sein. Das wäre dann der Fall, wenn die in dem Urteil enthaltenen Begriffe dem Sachverhalt sprachlich nicht entsprechen würden. Die Divergenz würde dann im Bereich des Sprachdenkens liegen.

Ungeachtet dessen müssen wir davon ausgehen, daß jede Theorie den Anspruch geltend macht, im logischen Sinne wahr zu sein, d. h. Identität von Urteil und beurteiltem Sachverhalt annimmt. In dieser Untersuchung geht es uns also darum, der Wahrheit der Kreditschöpfungstheorie auf die Spur zu kommen. Dazu bieten sich zwei Möglichkeiten: Entweder wir analysieren die Kreditschöpfungstheorie in der Weise, daß wir ihre Teilurteile noch einmal kritisch überdenken oder wir lösen uns völlig von der Kreditschöpfungstheorie und versuchen, das fragliche Teilgebiet der Kreditwirklichkeit selbständig durchzudenken. Wir gehen den zweiten Weg, und zwar deshalb, weil es keine einheitlich formulierte Kreditschöpfungstheorie gibt, die geschlossen Gegenstand unserer Untersuchung sein könnte[16].

---

[16] Die bisher an der Kreditschöpfungstheorie geübte Kritik wird von uns nicht ignoriert. Unsere Untersuchungsmethode gestattet es jedoch nur bedingt auf die bisherige Kritik vergleichsweise hinzuweisen. Die Ergebnisse, zu denen wir kommen, sind eine Folge *unserer* Voraussetzungen. Gleichlautende Ergebnisse anderer Autoren genügen nicht, unser Ergebnis zu bestätigen. — Die wichtigsten Vertreter der Kritik, die die Kreditschöpfungslehre ablehnen oder nur mit wesentlichen Einschränkungen anerkennen, sind: Mentor Bouniatian, Edwin Cannan, Antonio De Viti de Marco, Josef

Bevor wir zu der eben angekündigten Untersuchung übergehen, wollen wir die Gründe, die uns zu einer Revision der Kreditschöpfungstheorie veranlassen, noch deutlicher formulieren, als es bisher geschehen ist.

Der bankwirtschaftliche Kreditvorgang ist die Grundlage, auf der die sog. Kreditschöpfungstheorie aufbaut. Diese Theorie, die bis heute überwiegend die Nationalökonomen interessierte, müßte also zur Voraussetzung haben, daß der ihr zugrunde liegende betriebswirtschaftliche Sachverhalt, der Kreditvorgang, einwandfrei bestimmt ist. Das ist nach unserer Auffassung bislang nicht geschehen. Diese Aussage ist so zu verstehen: Zwischen der betriebswirtschaftlichen Theorie des Bankkredits und der volkswirtschaftlichen Theorie des Bankkredits besteht kein unmittelbarer Zusammenhang. Die volkswirtschaftliche Theorie knüpft u. E. nicht dort an, wo die betriebswirtschaftliche Theorie aufhört, oder umgekehrt: die betriebswirtschaftliche Theorie hört nicht dort auf, wo die volkswirtschaftliche Theorie entsprechend ihrem Erkenntnisinteresse anknüpfen müßte. Entweder vernachlässigt sie die Forschungsergebnisse der Betriebswirtschaftslehre gänzlich, oder sie begnügt sich mit technischen Einzelheiten. So wird, wie in den Anfängen der Kreditschöpfungstheorie, auch heute noch der bankwirtschaftliche Kreditvorgang ohne wirtschaftlichen Inhalt, lediglich von der technischen Seite aus gesehen. Das Ergebnis dieser Analyse kann daher nur ein quantitatives Ergebnis sein, ein Ergebnis, dem der wirtschaftliche Inhalt und Zusammenhang fehlt. Dennoch ist es das Fundament für die Kreditschöpfungstheorie, die, markttheoretisch und kreislauftheoretisch ergänzt und verfeinert, die Grundlage für eine monetäre bzw. kreditäre Konjunkturtheorie abgibt.

Unsere Überlegungen müssen nach dem, was wir bisher gesagt haben, dort einsetzen, wo sich über die von den Banken organisierten Kreditmärkte der einzelne Kreditvorgang zwischen Käufer und Verkäufer des Warenmarktes einschiebt, wenn wir gültige Aussagen über die Entstehung und die Wirkungen des Kredits, insbesondere des Bankkredits, geben wollen. Die gesamtwirtschaftliche Betrachtungsweise kann uns dabei nicht helfen; im Gegenteil, sie verhüllt uns den Blick in die Tiefe. Die Koordination der einzelwirtschaftlichen Vorgänge zu einer volkswirtschaftlichen Theorie ist erst dann sinnvoll, wenn diese Vorgänge nicht zuvor aus ihrer Verknüpfung in den Märkten herausgelöst wurden.

Soviel können wir jetzt schon sagen: In den kreditwirtschaftlichen Zusammenhängen hat die Vorstellung von der autogenetischen Eigen-

---

Dobretsberger, Albrecht Forstmann, Hans Hellwig, Eduard Kellenberger, Walter Leaf, Hans Möller, Richard Reisch, Felix Somary, Valentin F. Wagner, Karl Walker. — Ausführliche Literaturhinweise finden sich bei Wagner, Valentin F., a.a.O., S. 182 ff.; Hellwig, Hans, a.a.O., S. 443 f.

II. Gründe für eine Revision der Kreditschöpfungstheorie

schaft des Bankkredits für uns keinen Platz. Das muß nicht heißen, daß wir zu einem anderen materiellen Endergebnis kommen. Wir sind durchaus der Ansicht, daß durch die Betätigung der Banken neben dem Bargeld ein „Bankgeld"-Volumen entstehen kann, das dasjenige des Bargeldes um ein Vielfaches übersteigt. Aber die ursächlichen Zusammenhänge, die zu dieser Erscheinung der modernen Geldwirtschaft geführt haben, verstehen wir anders. Die Behauptung jedenfalls, die Banken könnten Kredite und damit Bankgeld aus dem Nichts schöpfen, lehnen wir ab, weil eine „creatio ex nihilo" im Bereich des wirtschaftlichen Geschehens a priori verneint werden muß.

Wir halten außerdem den Begriff „Kreditschöpfung" nicht für einwandfrei. Selbst dann, wenn wir der Lehre von der Kreditautonomie der Banken zustimmen könnten, müßten wir den Begriff „Kreditschöpfung" aus formal-logischen und sprachlichen Gründen ablehnen. Eine Theorie, auch eine ökonomische Theorie, ist nur ein Instrument zur Erkenntnis der Wirklichkeit, und als ein solches muß es Begriffe und Begriffsverbindungen verwenden, die eine widerspruchsvolle Definition ausschließen.

Unser Gedankenweg, den wir in dieser Schrift weiter beschreiten wollen, ist damit klar vorgezeichnet. Aus formalen Gründen stellen wir den begrifflichen und begriffskritischen Teil an den Anfang.

C. Begriffliche Grundlagen

I. Die Begriffe Geld und Kredit

1. Einleitung

Geld und Kredit sind ökonomische Begriffe, die in einem engen Verhältnis zueinander stehen. Trotzdem definiert nahezu jeder Volkswirt Geld und Kredit auf seine Weise. Bei den Betriebswirten sind gleiche oder ähnliche Definitionen häufiger anzutreffen. Letzteres läßt sich sicherlich daraus erklären, daß in der Betriebswirtschaftslehre die Begriffe sehr oft analog dem praktischen Verständnis definiert werden.

Entgegen der logisch begründeten Freiheit des Definierens liegt es nahe, mikro-ökonomisch orientierten Begriffsdefinitionen den Vorzug zu geben, vorausgesetzt, daß diese Definitionen sich im makro-ökonomischen Zusammenhang als widerspruchslos erweisen. — Wir begründen diese nur aus methodischem Interesse genannte Forderung damit, daß die betriebswirtschaftlichen Forschungsergebnisse für die volkswirtschaftliche Forschung lediglich Daten sind und daß eine Ergänzung beider Disziplinen nur dann sinnvoll ist, wenn in beiden Disziplinen mit Begriffen gleichen Inhalts gearbeitet wird. — Uns geht es hier darum, die Begriffe in diesem Sinne zu definieren. Das ist deshalb wichtig, weil das Problem der sog. Kreditschöpfung bei betriebswirtschaftlichen Sachverhalten beginnt und diese Sachverhalte auch in der gesamtwirtschaftlichen Sicht nicht negiert werden können.

2. Definition des Begriffes Geld

Im Sprachgebrauch der Praxis, in der Alltagssprache des wirtschaftlichen Verkehrs, ist der Begriff „Geld" mit einem klaren Inhalt versehen: Geld ist das gesetzliche Zahlungsmittel, das allgemeine Tauschmittel, mit dem Schulden definitiv bezahlt werden können. In der Terminologie der Geldtheorie ist dieses Geld das sog. notale Geld (= Bargeld). Hier taucht nun sofort die Frage auf, ob das, was seit Bendixen als Giralgeld (= die Bankguthaben) bezeichnet wird, für die Praxis kein Geld ist.

Es ist bemerkenswert, daß die Praxis, die einerseits sehr oft mit unbestimmten Begriffen umgeht und andererseits nicht minder häufig einen guten Spürsinn für die realen Dinge hat, gerade beim Geld eine deutliche begriffliche Unterscheidung macht zwischen dem, was die Geldtheorie Bargeld und Giralgeld nennt. Für die Praxis gibt es nur *ein* Geld, das Bargeld. Das Giralgeld der Theorie muß daher einen anderen Namen haben — und der heißt Bankguthaben. Bargeld und Bankguthaben sind für den Kaufmann zweierlei. Wenn er beispielsweise seiner Bank per Scheck oder per Überweisung den Auftrag gibt, an einen Dritten zu zahlen, dann schreibt er nicht „Zahlen Sie Bankguthaben...", sondern „Zahlen Sie *aus* meinem Bankguthaben...". Diese Unterscheidung wird ihm insbesondere dann bewußt, wenn er erfährt, daß seine Bank aus ihren Kreditgeschäften Verluste zu erwarten oder erlitten hat. Dann vermag er sehr genau zu unterscheiden zwischen dem Geld, das er in seiner Kasse hat, und der Forderung auf Geld, die er gegenüber seiner Bank hat.

Auch in den Bilanzen wird sehr wohl unterschieden zwischen Kasse (= Geld) und Bankguthaben. Trotz des starken Einflusses der modernen Theorie ist noch niemand auf den Gedanken gekommen, in den Bilanzen die Position „Bankguthaben" durch eine Position „Giralgeld" zu ersetzen. Die Kritiker werden einwenden, daß es sich hier um Begriffe der Praxis handle, die einerseits traditionell bedingt und andererseits wissenschaftlich unbrauchbar und überholt sind.

Wie verhält sich dazu die Betriebswirtschaftslehre? In der Betriebswirtschaftslehre hält man sich an die Terminologie der Praxis. Die dort getroffene Unterscheidung ist für sie ausreichend, um die einzelnen geldwirtschaftlichen Verkehrsvorgänge beschreiben zu können. Unter dem Gesichtspunkt der Liquidität werden allerdings in der Betriebswirtschaftslehre Kasse und Bankguthaben[1] als sog. „flüssige Mittel" zusammengefaßt. Der Begriff „Liquidität" liegt jedoch auf einer anderen Ebene.

Die volkswirtschaftliche Geldtheorie übersieht die juristischen Unterschiede, die zwischen dem Bargeld als gesetzlichem Zahlungsmittel und den Bankguthaben als Forderungen auf Geld bestehen, zwar nicht, aber diese Unterschiede sind für sie nicht wesentlicher, sondern nur gradueller Art. Für sie, vom wirtschaftlichen Standpunkt aus betrachtet, sind beide Geld. Die rechtlichen Gesichtspunkte treten damit zugunsten einer wirtschaftlichen Betrachtungsweise in den Hintergrund. Beide „Geldarten", das Bargeld und die Bankguthaben (alias Giralgeld), haben wirtschaftlich gemeinsam: sie werden zu Zahlungen verwendet, beide sind Zahlungsmittel; die Überweisung von Bankguthaben hat die gleiche geldliche Wirkung, wie wenn körperliches Geld (Bargeld) gezahlt wird. Daraus hat die Geldtheorie die

---
[1] einschließlich Notenbankguthaben und Postscheckguthaben.

Konsequenz gezogen, indem sie die Bankguthaben in den Geldbegriff eingeschlossen hat.

Wir sehen daraus, daß die Theorie den Geldbegriff weitergefaßt hat als denjenigen, den die Praxis kennt. Der Wissenschaft sind zweifellos engere Grenzen in der Begriffsbildung gezogen als der Praxis, insofern, als sie in ihrem Interesse nur mit Begriffen widerspruchsfreien Inhalts operieren kann. Im Gegensatz zur Praxis kann man von der Wissenschaft erwarten, daß sie die zu einem Begriff gehörenden Merkmale genau erfaßt hat, daß sie, wie in unserem speziellen Fall, die Merkmale dessen, was Geld ist, festgelegt hat. Wenn die Wissenschaft, hier die Geldtheorie, mit einem Gattungsbegriff „Geld" arbeitet und als Artbegriff verschiedene Geldarten definiert, dann müssen entsprechend dem Gattung-Art-Verhältnis die Geldarten alle Merkmale der Gattung „Geld" und darüber hinaus noch mindestens ein Merkmal mehr haben. Wie sieht es damit aus? Auf Anhieb läßt sich feststellen, daß das Bargeld, das gesetzliche Zahlungsmittel für die volkswirtschaftliche Geldtheorie als Gattungsbegriff nicht in Frage kommen kann, weil das sog. Giralgeld nicht alle Merkmale des Bargeldes auf sich vereinigt. Es müßte also einen ganz allgemeinen Geldbegriff geben, dem sich sowohl das Bargeld als auch das sog. Giralgeld begrifflich unterordnen ließe. Die Geldtheorie hat in der Tat methodisch diesen Weg beschritten. Sie geht von folgender vereinfachten Gelddefinition aus: „Geld ist, was Gelddienste leistet"[2] oder in der Formulierung Walkers „Money is, what money does"[2]. Streng genommen ist das ein circulus vitiosus, denn das, was definiert werden soll, ist in der Definition enthalten. Wir haben oben schon erwähnt, daß die Geldtheorie die Bankguthaben deshalb in den Geldbegriff einbezieht, sie als Giralgeld bezeichnet, weil sie geldliche Dienste leisten, geldliche Wirkung haben, wie das Bargeld „kaufend zu Markte gehen" — wie sich Bendixen einmal ausgedrückt hat. Nach unserer Auffassung hätte die Geldtheorie das Geld als Oberbegriff so definieren müssen: Geld ist ein Zahlungsmittel, das mit einer Recheneinheit ausgestattet ist[3]. Dieser merkmalsarme Geldbegriff würde es, so wie es die Geldtheorie getan hat, zulassen, die im wirtschaftlichen Verkehr auftretenden Zahlungsmittel dem Geldbegriff unterzuordnen, sie als Geldarten oder Geldformen zu klassifizieren. — Wir stehen damit aber gleichzeitig vor der Frage, wo das, was begrifflich Geld sein kann, aufhört. Konsequenterweise wären die Zahlungsmittel, die in der Geldtheorie Geldsurrogate genannt werden, genau so wie die Bankguthaben dem Geld zuzuordnen, so z. B. Schecks und Wechsel.

---
[2] Forstmann, Albrecht, Geld und Kredit, Göttingen 1952, S. 38.
[3] Diese Definition setzt allerdings voraus, daß die Begriffe Zahlungsmittel und Recheneinheit definiert sind.

I. Die Begriffe Geld und Kredit

Die Geldtheorie hat aber offensichtlich ihre Arbeitsprämisse „Geld ist, was Gelddienste leistet" eingeengt. Sie hat nämlich die wirtschaftlich relevanten „Gelddienste", die sog. volkswirtschaftlich relevanten Geldfunktionen systematisch untersucht und dabei zwei Hauptfunktionen, denen mehrere Konsekutivfunktionen untergeordnet sind, herausgearbeitet. Diese sog. Hauptfunktionen sind (nach Forstmann)[4]:
1. die Funktion der Recheneinheit,
2. die Funktion des Tauschmittlers.

Mit diesen beiden Funktionen müßte demnach der volkswirtschaftliche Geldbegriff zu definieren sein. Wir finden diesen Begriff bei Forstmann[5], der in dieser Hinsicht sicherlich als repräsentativ gelten darf: „Geld im volkswirtschaftlichen Sinne ist eine in einer Zahlungsgemeinschaft allgemein anerkannte und jederzeit aktivierbare anonyme Forderungslegitimation an das nationale Güter- und Leistungsvolumen, dessen Erzeugung und Verteilung es quantitativ und qualitativ als Recheneinheit und Tauschmittler garantiert."
Die Definition befriedigt uns nicht, denn sie weist u. E. sachliche, definitorische und sprachliche Mängel auf:
1. Geld, gleichgültig in welchen Formen es auftritt, gewährt demjenigen, der es besitzt, keinen Anspruch auf das nationale Güter- und Leistungsvolumen; es ist keine Forderungslegitimation. Die Möglichkeit, mit dem Gelde Güter oder Dienste zu kaufen, setzt voraus, daß ein Wirtschaftssubjekt bereit ist, Güter oder Dienste gegen Geld zu tauschen, zu verkaufen.
2. Das Adverb „jederzeit" ist überflüssig, weil die Anerkennung durch die Zahlungsgemeinschaft die „Jederzeitigkeit" einschließt.
3. Ebenso überflüssig und außerdem unverständlich ist das Adjektiv „aktivierbare". Offenbar soll es soviel bedeuten wie „kauffähig" oder „tauschfähig". Es ist deshalb überflüssig, weil nach der Definition das Geld die Tauschmittlereigenschaft haben muß.

Wir haben bisher — vielleicht unmerklich — eine Inkonsequenz der Geldtheorie mitgemacht, indem wir die Bankguthaben stillschweigend so behandelt haben, als wären sie begrifflich eine besondere Geldart, nämlich Giralgeld. Die von uns veränderte Forstmannsche Definition des Geldes enthält den übergeordneten Begriff „Zahlungsmittel"; sie bringt also zum Ausdruck: Geld ist ein Zahlungsmittel; sie sagt aber nicht: Bankguthaben sind Geld. Bankguthaben leisten „geldliche Dienste", lassen sich zu Zahlungen verwenden, lauten auf die Recheneinheit (Währungseinheit) des Geldes und sind deshalb ebenfalls Zahlungsmittel, nicht aber Geld. Diese Überlegung führt uns zu fol-

---
[4] Forstmann, Albrecht, a.a.O., S. 58.
[5] Forstmann, Albrecht, a.a.O., S. 72.

gender Einsicht: Für die ganze Begriffsmisere, was Geld ist und was nicht Geld sein kann, ist der logische Zirkel „Geld ist, was Gelddienste leistet" verantwortlich[6]. Außerdem stellen wir fest, daß die bisherige Gelddefinition unvollständig ist. Dem Geld fehlt in der Definition das Merkmal der körperlichen, konkreten, beweglichen Sache. Diese körperliche Sache ist in unserer derzeitigen Geldverfassung das Dokument (die Banknote und die Münze), das bei der Zahlung nach dem Prinzip des Händewechselns von dem Besitzer an den Empfänger übergeben wird.

Das Geld ist, nach unserer Auffassung, nur vollständig definiert, wenn es heißt: Geld ist ein in einer Zahlungsgemeinschaft anerkanntes, dokumentiertes und mit einer Recheneinheit ausgestattetes Zahlungsmittel.

Entsprechend können wir die Bankguthaben (alias Giraldgeld) definieren: Bankguthaben sind ein in einer Zahlungsgemeinschaft anerkanntes, auf die Recheneinheit des Währungsgeldes[7] lautendes Zahlungsmittel; es sind Forderungen auf Währungsgeld, die innerhalb einer Zahlungsgemeinschaft an Stelle von Geld zu Zahlungen verwendet werden können.

Wir sind damit aber noch nicht am Ende unserer Definitionen. Die Begriffe „Zahlungsmittel" und „Zahlungsgemeinschaft" sind noch völlig offen. Es würde uns allerdings zu weit abseits von dem eigentlichen Zweck der hier begonnenen begrifflichen Diskussion bringen, wenn wir wiederum diese beiden Begriffe ausführlich erläutern wollten. Der Begriff „Zahlungsmittel" ist in diesem Zusammenhang ausreichend umschrieben, wenn wir sagen: Das vornehmste Merkmal des Zahlungsmittels ist seine zirkulatorische Befriedigung[8]. Die zirkulatorische Befriedigung erfüllt sich in dem Vertrauen, daß mit dem Zahlungsmittel jederzeit gezahlt werden kann.

Mit dem Begriff Zahlungsgemeinschaft[9] hingegen müssen wir uns etwas ausgiebiger beschäftigen. Die Zahlungsgemeinschaft ist eine Erscheinung des wirtschaftlichen Verkehrs. Sie kann als soziologische und als rechtliche Kategorie aufgefaßt werden. In der wirtschaftlichen Betrachtungsweise ist sie beides zugleich, wobei allerdings der rechtliche Charakter im Vordergrund steht. Eine Zahlungsgemeinschaft entsteht dadurch, daß sich mehrere Personen freiwillig zusammen-

---

[6] Von diesem Zirkelschluß nimmt die geldtheoretische Funktionslehre ihren Ausgang.

[7] Wir schließen hier die theoretische und praktische Möglichkeit aus, daß Bankguthaben eine eigene Recheneinheit haben, wie zum Beispiel bei der ehemaligen Hamburger Girobank (Ernst Levy von Halle, Die Hamburger Girobank und ihr Ausgang, Berlin 1891).

[8] Vgl. Knapp, Georg Friedrich, Staatliche Theorie des Geldes, 4. durchgesehene Aufl., München und Leipzig 1923, S. 5 f. und S. 36 ff.

[9] Vgl. Knapp, Georg Friedrich, a.a.O., S. 114 ff. und S. 131 ff.

I. Die Begriffe Geld und Kredit

schließen und diese sich gegenseitig bereit erklären, eine bestimmte Art von Zahlungsmittel als Zahlung anzunehmen. Es ist theoretisch und praktisch denkbar, daß es Personen geben kann, die keiner Zahlungsgemeinschaft angehören, so z. B. ein Einsiedler. Von solchen Ausnahmefällen abgesehen, gehört in unserer modernen, arbeitsteiligen Wirtschaft jede Person einer oder mehreren Zahlungsgemeinschaften an. Die umfassendste Zahlungsgemeinschaft innerhalb einer Volkswirtschaft ist zweifellos die nationale, staatliche Zahlungsgemeinschaft, deren Zahlungsmittel das gesetzliche, das Währungsgeld ist. Alle übrigen in dieser Volkswirtschaft existierenden, privaten Zahlungsgemeinschaften sind der staatlichen Zahlungsgemeinschaft untergeordnet. Das ist nur a posteriori zu verstehen[10]. Diese Unterordnung bedingt den Anschluß der in den einzelnen privaten Zahlungsgemeinschaften zirkulierenden Zahlungsmittel an das gesetzliche, staatliche Zahlungsmittel, d. h. daß jedes private Zahlungsmittel den Rechtscharakter der Einlösbarkeit, der Umtauschbarkeit in das gesetzliche Zahlungsmittel haben muß. Diese Voraussetzung fällt beim gesetzlichen Zahlungsmittel weg, weil es definitives Zahlungsmittel ist. Die privaten Zahlungsmittel sind für diejenigen, die sie annehmen, stets provisorisch. Jede Zahlungsgemeinschaft, sowohl die staatliche als auch jede private, bedarf außerdem einer zentralen Instanz, die das Zahlungsmittel emittiert und gleichzeitig die Annahme dieser Zahlungsmittel garantiert[11]. Ohne diese rechtlich fundierte Annahmebereitschaft der zentralen Instanz gibt es kein Zahlungsmittel, auch kein privates, weil sonst die zirkulatorische Befriedigung innerhalb der Zahlungsgemeinschaft nicht möglich wäre.

Der staatlichen Zahlungsgmeinschaft, deren zentrale Instanz die Notenbank[12] ist, gehören *alle* Personen (natürliche und juristische) an. Keine Person steht außerhalb dieser Gemeinschaft. Aber nicht alle Personen sind Mitglied einer privaten Zahlungsgemeinschaft. Die wichtigste private Zahlungsgemeinschaft ist die Gesamtheit aller Bankkunden. Für den einzelnen Bankkunden ist jeweils seine Bank die zentrale Instanz. Das Zahlungsmittel dieser privaten Zahlungsgemeinschaft ist das Bankguthaben; nur innerhalb dieses Zahlverbandes ist es als Zahlungsmittel verwendbar. Das bedeutet: die Bankguthaben sind private Zahlungsmittel. Auch dann, wenn der Staat (nicht jedoch seine zentrale Zahlungsmittelstelle, die Notenbank) Mitglied dieser Zahlungsgemeinschaft, Bankkunde ist, wird das private Zahlungsmittel nicht zum gesetzlichen Zahlungsmittel. Dadurch wird die Zahlungs-

---

[10] Es ist sowohl theoretisch als auch praktisch vorstellbar, daß es eine private Zahlungsgemeinschaft geben kann, die von der staatlichen Zahlungsgemeinschaft unabhängig ist.
[11] Vgl. Knapp, Georg Friedrich, a.a.O., S. 81 ff.
[12] In Westdeutschland z. Z. die Deutsche Bundesbank.

gemeinschaft lediglich erweitert. Der Staat könnte beispielsweise von seinen Schuldnern verlangen, daß sie für ihre Zahlungen an seine Kassen (Steuerkasse usw.) nur das gesetzliche Zahlungsmittel verwenden dürfen. Er tut das nicht, und zwar aus organisatorischen Gründen.

Bei ihren Zahlungen an die Notenbank können die privaten Banken keine Bankguthaben übertragen; solche Zahlungen können, wie alle Zahlungen innerhalb der staatlichen Zahlungsgemeinschaft nur mit dem gesetzlichen Zahlungsmittel geleistet werden[13]. Die unterschiedliche Verwendbarkeit der Zahlungsmittel läßt sich aus der bereits erwähnten Über- bzw. Unterordnung der Zahlungsmittel erklären. Die privaten Zahlungsmittel sind den staatlichen untergeordnet und können kein selbständiges Dasein führen, jedenfalls solange nicht, als es einer privaten Zahlungsgemeinschaft nicht gelingt, sich aus dem staatlichen Zahlungsverband vollständig herauszulösen.

Die Bankguthaben sind nicht das einzige private Zahlungsmittel. Aus der Schweiz sind uns beispielsweise drei private Zahlungsgemeinschaften bekannt, die ihre eigenen Zahlungsmittel haben[14]. Ebenso schließen sich die Spielteilnehmer in den Spielkasinos zu zeitlich befristeten privaten Zahlungsgmeinschaften zusammen[15]. Alle diese privaten Zahlungsmittel haben ihre unlösbare Bindung an das gesetzliche Zahlungsmittel. — Im Zusammenhang mit der sog. bargeldlosen Zahlung werden wir auf die privaten Zahlungsgemeinschaften noch einmal eingehen.

Bevor wir auf den Anfang unserer Ausführungen zurückkommen, wollen wir noch auf einen wichtigen Gesichtspunkt hinweisen. Von kritischer Seite wird uns sicherlich entgegengehalten werden, daß die Trennung der Zahlungsmittel nach Zahlungsgemeinschaften im Grunde genommen auf eine rechtliche Unterscheidung hinausliefe, daß aber für die wirtschaftliche Betrachtung, vornehmlich für die volkswirtschaftliche, rechtliche Unterschiede nicht maßgebend sein können. Diesem Argument würden wir entgegenhalten: Der gesamte Wirtschaftsverkehr, und darin eingeschlossen auch der Zahlungsverkehr, findet

---

[13] Guthaben bei der Notenbank können darüber hinaus von den privaten Banken durch Verkauf sog. Handelswechsel und Schatzwechsel und durch Lombardierung gesetzlich bestimmter Wertpapiere gebildet werden (z. B. § 19 Bundesbankgesetz).
[14] 1. der Wirtschaftsring „WIR", dessen Zahlungsmittel das sog. „WIR"-Geld ist;
    2. die „Check-Einkaufs- und Spargesellschaft", Zahlungsmittel ist der sog. Waren-Check;
    3. die „Vereinigung Unitas";
dargestellt von Kellenberger, Eduard, Kreditschöpfung und Geldschöpfung, in: Wirtschaftstheorie und Wirtschaftspolitik, Festschrift für Alfred Amonn, Bern 1953, S. 96 ff.
[15] Vgl. Dobretsberger, Josef, Das Geld im Wandel der Wirtschaft, Bern 1946, S. 82 ff. („Das Jetons-Beispiel").

I. Die Begriffe Geld und Kredit

immer in „Gemeinschaften", die sich einem Reglement, einer rechtlichen Ordnung unterworfen haben, statt. Bietet innerhalb einer Zahlungsgemeinschaft — gleichgültig ob staatlich oder privat — das Zahlungsmittel zirkulatorische Befriedigung, so fügt sich das einzelne Mitglied in diese Ordnung. Gewährt das Zahlungsmittel jedoch nicht mehr die begehrte zirkulatorische Befriedigung, dann werden einzelne oder sämtliche Mitglieder dieser Zahlungsgemeinschaft sich von ihr trennen und einer anderen, u. U. zeitweilig völlig selbständigen Zahlungsgemeinschaft beitreten. Die rechtliche Ordnung der bisherigen Zahlungsgemeinschaft mag weiterbestehen, aber sie ist sinnlos geworden, weil die Zahlungsgemeinschaft und mit ihr das Zahlungsmittel aufgehört hat zu existieren. Der Begriff „Zahlungsgemeinschaft", obwohl er primär vertraglichen Inhalt hat, ist wirtschaftlich relevant; ohne ihn lassen sich das Geld, das staatliche Zahlungsmittel und die privaten Zahlungsmittel nicht definieren. Wir müssen sogar noch hinzufügen: nur mit Hilfe dieses Begriffes lassen sich die möglichen Zahlungsdienste der staatlichen und privaten Zahlungsmittel sinnvoll erklären. Dieser Begriff könnte darüber hinaus Ansatzpunkt sein für eine wirtschaftliche Funktionslehre der Zahlungsmittel[16].

Kehren wir nun schließlich zurück zur Definition des Geldes. Zu Beginn unserer Ausführungen haben wir darauf hingewiesen, daß es nicht gleichgültig ist, ob wir den Geldbegriff eng oder weit fassen. Die volkswirtschaftliche Geldtheorie hält es, wie wir gezeigt haben, für theoretisch richtig, alles das, was geldliche Wirkung hat, was Gelddienste, Zahlungsdienste leistet, in den Geldbegriff einzuschließen. Danach bestimmt die Zahlungsleistung eines Verkehrsobjektes, was Geld im wirtschaftlichen Sinne ist.

Diesen Geldbegriff können wir nicht akzeptieren. Wirtschaftlich bedeutsam ist, zu welcher Art von Zahlungsleistung ein Zahlungsmittel imstande ist, und dazu bedarf es der Unterscheidung nach Zahlungsgemeinschaften. Die Zahlungsgemeinschaft ist gleichzeitig der Aktionsradius für das jeweilige Zahlungsmittel.

Geld ist das gesetzliche Zahlungsmittel, das Zahlungsmittel der staatlichen, nationalen Zahlungsgemeinschaft.

Bankguthaben sind das Zahlungsmittel einer privaten Zahlungsgemeinschaft, der Bankkundschaft.

Bankguthaben sind also begrifflich nicht Geld; Bankguthaben sind aber wie das Geld Zahlungsmittel. Geldzahlung und Bankguthabenzahlung sind nicht dasselbe. Geldzahlung ist Zahlung in Geld; Bankguthabenzahlung ist Zahlung ohne Geld. Mit Geld kann immer und

---

[16] Nicht zu verwechseln mit der Lehre von den Geldfunktionen, wie sie in der herkömmlichen Geldliteratur dargeboten wird.

"überall" gezahlt werden, weil die Zahlungsgemeinschaft des Geldes den größten Zahlungskreis hat, der auch die Zahlungskreise der privaten Zahlungsgemeinschaften umfaßt. Bankguthabenzahlung ist jedoch nur im Zahlungskreis der Bankkundschaft möglich. Vom juristischen Standpunkt aus betrachtet, ist die Bankguthabenzahlung nicht einmal endgültig Zahlung, sondern sie ist nur Leistung an Erfüllungs Statt. Um zur endgültigen, definitiven Zahlung zu werden, bedarf es der Zustimmung des Zahlungsempfängers. Bankguthabenzahlung ist rechtlich also zunächst eine provisorische, vorläufige Zahlung, die zur definitiven werden kann. Geldzahlung hingegen ist immer eine definitive Zahlung.

3. Definition des Begriffes Kredit

Kredit ist eine bekannte Erscheinung des wirtschaftlichen Verkehrs. Trotzdem ist der Inhalt des Begriffes „Kredit" nicht immer der gleiche. Das trifft sowohl für die Praxis als auch für die Wissenschaft zu. Aus dem praktischen Sprachgebrauch ist uns geläufig, daß ein Geschäftsmann beispielsweise sagt: „Ich habe bei meiner Bank soviel Kredit, daß ich ohne weiteres mein Konto überziehen kann." — Oder: „Meine Bank hat mir einen Kredit in Höhe von X DM eingeräumt." — Oder: „Mein Kredit bei der Bank beträgt heute X DM." Im ersten Fall bedeutet Kredit soviel wie Vertrauen; die zweite Redewendung meint die Höhe des Geldbetrages, der im Vertrauen auf spätere Rückzahlung darlehensweise in Anspruch genommen werden kann; bei der dritten Ausdrucksweise schließlich ist der effektiv beanspruchte Darlehensbetrag gemeint.

Die eingangs gemachten Ausführungen weisen darauf hin, daß der Kreditbegriff in der Praxis mehrsinnig gebraucht wird, daß er von seiner ursprünglichen, psychologischen Bedeutung (= Vertrauen) ausgehend auf bestimmte wirtschaftliche Verkehrsvorgänge und Tatbestände übertragen wurde. Die ursprüngliche Bedeutung ist dabei erhalten geblieben; sie ist in jedem Fall wesentliches Einzelmerkmal. — In der Praxis treten außerdem häufig auch die rechtlichen Aspekte in den Vordergrund. So versteht beispielsweise der Jurist unter Kredit ein Gläubiger-Schuldner-Verhältnis; der bilanzierende Kaufmann, je nachdem ob er „Kredit" gegeben oder genommen hat, eine Forderung oder eine Verbindlichkeit.

Welcher Inhalt wird nun, im Gegensatz zur Praxis, in der Betriebswirtschaftslehre und in der Volkswirtschaftslehre dem Begriff Kredit beigelegt? Die Betriebswirtschaftslehre versteht unter Kredit darlehensweise gegebenes oder genommenes Geld oder entgeltliche Überlassung von Kapital auf Zeit oder Lieferung einer Ware an einen Dritten

I. Die Begriffe Geld und Kredit

gegen dessen Versprechen, zu einem späteren Termin die Gegenleistung in Geld zu erbringen (sog. Waren- oder Lieferantenkredit); in der Volkswirtschaftslehre ist Kredit — beim Kreditgeber — der zeitweilige Verzicht auf reale oder abstrakte Verfügungsmacht über Güter, Überlassung von Kapitaldisposition, — beim Kreditnehmer — Vermehrung solcher Verfügungsmacht, Zuwachs an Kapitaldisposition; in Verbindung mit der volkswirtschaftlichen Kreditschöpfungstheorie endlich wird Kredit verstanden als Kaufkraftschöpfung zwecks unternehmerischer Verwertung[17]. Die bisher genannten Begriffsinhalte vertragen sich teilweise sehr schlecht miteinander. Es erscheint uns daher zweckvoll, den Kreditbegriff selbst abzugrenzen und zu definieren.

Kredit läßt sich u. E. definitorisch nur fassen, wenn auf den Kreditvorgang als wirtschaftlichen Akt Bezug genommen wird. Damit ist aber noch nicht beantwortet, ob psychologisch und juristisch verstandene Inhalte bei der Definition des Begriffs ausscheiden. Einer Definition sind grundsätzlich keine Grenzen gesetzt; sie werden erst gesteckt durch den Standpunkt, durch die Erkenntnisabsicht desjenigen, der definieren will. Unser Interesse ist hier auf wirtschaftliche Sachverhalte gerichtet, also müssen die wirtschaftlich relevanten Merkmale des Kredits im Vordergrund stehen. Da aber der Kredit — im bisher zitierten Sinne — eine Erscheinung sozialökonomischer Beziehungen ist, kann er nur dann hinreichend definiert sein, wenn auf gewisse außerwirtschaftliche Merkmale nicht verzichtet wird. Der Standort, den wir bei der Definition des Kredits zu beziehen haben, ist damit festgelegt: Die sozialökonomischen Beziehungsinhalte kommen für eine wirtschaftliche Definition des Kreditbegriffs in Betracht.

Die Abgrenzung des Kreditbegriffs im ontologischen Sinne ist nicht damit erledigt, daß wir sagen: Kredit ist ein abstrakter Begriff. Die vorgenannten verallgemeinerten Definitionen widersprechen dieser Aussage. Irgendetwas stimmt also nicht. Die Ungereimtheit löst sich indessen auf, wenn wir ganz kurz eine gedankliche Operation vornehmen: Wir verselbständigen gedanklich die Beziehungen, die einem konkreten Kreditvorgang zwischen zwei oder mehr Wirtschaftssubjekten zugrunde liegen. Diese Beziehungen sind ein Abstraktum. Im ontologischen Sinne kann ein Abstraktum, im Gegensatz zu einem Konkretum, nur durch eine gedankliche Trennung (Abstraktion) von etwas Seiendem, Konkretem selbständig gedacht werden. Die abstrakt gedachten Beziehungen sind das, womit gemeinhin das Wesen des Kredits umschrieben wird. Sie sind das Medium, in dem sich ein konkreter Wirtschaftsvorgang sui generis, der Kreditvorgang ab-

---

[17] In der Volkswirtschaftslehre finden sich bei einzelnen Autoren auch Definitionen, die inhaltlich denjenigen der Praxis und der Betriebswirtschaftslehre entsprechen.

spielt. Kredit ist also ein Begriff, mit dem eine besondere Art von wirtschaftlichen Beziehungen gemeint ist. Kredit und Kreditvorgang sind daher nicht identisch.

Es zeigt sich nun, daß in den zitierten Beispielen nicht „Kredit" gemeint ist, sondern das kreditär Bewirkte, das materielle Ergebnis eines Kreditvorgangs oder der konkrete Kreditvorgang selbst. Es handelt sich hier um eine Begriffsverkürzung, die zweifellos auf die landläufige und praktische Sprachbequemlichkeit zurückzuführen ist, und eben dieser verkürzte Begriff hat in der wirtschaftswissenschaftlichen Literatur Eingang gefunden.

Daneben wird der Kreditbegriff einschränkend gebraucht, indem er nur auf bestimmte Kreditvorgänge angewendet wird (z. B. Bankkredit, Warenkredit). Beispielsweise werden nachträglich zu zahlende Miete, Pacht, nachträglich zu zahlendes Gehalt nicht als Mietkredit usw. benannt, obwohl in diesen Fällen eindeutig Kreditverhältnisse bestehen, die vertraglich geregelt sind.

Kredit ist also nicht ein Etwas, das übergeben oder übertragen werden kann, sondern eine besondere Art wirtschaftlicher Beziehungen, die wie folgt geregelt ist: Zwei Wirtschaftssubjekte vereinbaren den Austausch einer Leistung (Leistung und Gegenleistung), und zwar in der Weise, daß der Leistende auf die sofortige (gleichzeitige) Gegenleistung verzichtet; Leistung und Gegenleistung werden nicht Zug um Zug ausgetauscht, sondern zwischen Leistung und Gegenleistung liegt eine vereinbarte Zeitspanne, die sog. Kreditfrist. Derjenige, der die Leistung erbringt, wird Gläubiger (= Kreditgeber) und derjenige, der mit seiner Gegenleistung bis zu einem späteren, festgelegten Zeitpunkt wartet, wird Schuldner (= Kreditnehmer). Leistung und Gegenleistung sind in einem Kreditverhältnis zueinander asynchron, wobei die Leistung immer zeitlich primär und die Gegenleistung sekundär ist. Der Inhalt der Gegenleistung ist hierbei völlig belanglos. Die spätere Gegenleistung kann eine Geldzahlung, eine Warenlieferung, das Gewähren eines Nutzungsrechtes, eine Dienstleistung und anderes sein; auf keinen Fall ist sie selbst Kredit.

Es ist nunmehr unmittelbar einsichtig, daß die früher genannten Definitionen keine Kreditdefinitionen sind; dort werden Voraussetzungen und Wirkungen des Kredits gemeint. Das ändert jedoch nicht unsere Definitionsbedingung, daß nämlich nur die sozialökonomischen Beziehungsinhalte für die Definition des Kredits in Betracht kommen. Damit meinen wir die wirtschaftlichen *und* rechtlichen Verhältnisse. Das Vertrauen als wesentliches Kreditmerkmal ist darin eingeschlossen. Vertrauen ist stets, von Fall zu Fall jedoch in mehr oder minder starkem Maße, die psychologische Voraussetzung für das Zustandekommen einer Kreditbeziehung. Auch derjenige Kreditgeber, der sich die Gegenleistung dinglich gesichert hat, hofft darauf, daß der Kreditnehmer die vereinbarte Gegenleistung erbringt.

Wir gehen nun daran, den vorhin sehr allgemein umschriebenen Inhalt des Kreditbegriffs zu verfeinern, indem wir versuchen, die Merkmale einer Kreditbeziehung noch schärfer zu erfassen, machen aber vorweg eine methodisch zweckmäßige Einschränkung: Wir beschränken uns auf *die* Kreditbeziehung, bei der einer der Partner, und zwar der Kreditgeber, eine Bank ist und bei der die Leistung und Gegenleistung in Geld besteht[18]. Eine Kreditbeziehung, in die eine Bank als Kreditgeber eingeschaltet ist, kommt auf folgende Weise zustande: Die Bank erklärt sich bereit, einem Bankkunden eine bestimmte Summe Geld für eine begrenzte oder vorläufig noch nicht festgelegte Zeit darlehensweise zu überlassen; der Bankkunde verfügt ganz oder teilweise über die zugesagte Summe Geld und verspricht, das beanspruchte Geld zum Zeitpunkt der Fälligkeit zurückzuzahlen. Was ist für diese Kreditbeziehung charakteristisch? Die Bank als Kreditgeberin hat Geld geleistet; die Gegenleistung des Kreditnehmers, die ebenfalls in Geld bestehen soll, ist für einen späteren Zeitpunkt vereinbart. Beide Partner sind also überein gekommen, daß die Leistung und die Gegenleistung zeitlich auseinanderfallen, daß zwischen der Leistung und Gegenleistung eine Zeitspanne liegen und daß das Objekt sowohl der Leistung als auch der Gegenleistung Geld sein muß. Die Kreditbeziehung ist damit ein gewollter vorläufiger Zustand, der durch eine spätere Aktion (durch die Gegenleistung) wieder aufgehoben werden soll. Der Beginn und das Ende dieses vorläufigen Zustandes sind abhängig von den Bedingungen, über die sich die beiden Partner (Kreditgeber und Kreditnehmer) vor Beginn ihrer Kreditbeziehungen geeinigt haben[19].

Das Entgelt für die Leistung des Kreditgebers, der Zins, ist kein Merkmal des Begriffs Kredit. In der vom konkreten Kreditvorgang abstrahierten, selbständig gedachten Beziehung zwischen den Partnern ist der Zins nicht enthalten; er ist wie die Objekte der Leistung und Gegenleistung keine Beziehungsgröße. Der Zins ist ein Preis, über den sich Kreditgeber und Kreditnehmer geeinigt haben und der vom

---

[18] Diese Einschränkung geschieht lediglich im Interesse unseres Untersuchungsobjektes.

[19] Der sog. Kontokorrentkredit, den die Banken gewähren, ist in der Regel nicht befristet. Er kann aber jederzeit, auch während der Dauer einer Rechnungsperiode, gekündigt werden (§ 355 HGB). — Charakteristisch für den Kontokorrentkredit ist, daß sich die Darlehensgewährung und Darlehensrückzahlung überschneiden. Die Höhe des in Anspruch genommenen Darlehens kann sich daher zwischen 0 und dem festgelegten Höchstbetrag bewegen.

Kreditnehmer dafür gezahlt wird, daß seine Gegenleistung zeitlich nach der Leistung fällig wird.

Unsere jüngsten Ausführungen haben gezeigt, daß für den Kreditbegriff keine neuen Merkmale erforderlich sind. Wir können damit zusammenfassen und definieren:

Kredit ist eine auf der Grundlage des Vertrauens zustande gekommene, wirtschaftlich und rechtlich organisierte Beziehung zwischen zwei rechtlich selbständigen Wirtschaftssubjekten, bei der ein Leistungsaustausch in der Weise geregelt ist, daß der Leistung des Kreditgebers als Gläubiger die Gegenleistung des Kreditnehmers als Schuldner zu einem späteren Zeitpunkt folgt.

Diese Beziehung, die wir Kredit nennen, ist in jedem Kredit-Vorgang anzutreffen. Die einzelnen, konkreten Kreditvorgänge unterscheiden sich somit lediglich und zugleich aber wesentlich durch die Objekte der Leistung und Gegenleistung einerseits und durch die beteiligten Partner andererseits. Für den Kredit, den eine Bank gewährt, stellen wir fest: Die Bank als Kreditgeber leistet, zahlt dem Kreditnehmer eigenes oder fremdes, aus Einlagen stammendes Geld; sie gibt damit ihr rechtliches Eigentum an diesem Geld zugunsten einer terminierten oder terminierbaren Geldforderung gegen den Kreditnehmer auf. Beim Bankkunden, als Kreditnehmer, vollzieht sich das Umgekehrte: Er erwirbt das rechtliche Eigentum an dem ihm darlehensweise überlassenen Geld, dem eine geldliche Verbindlichkeit, eine Geldschuld an den Geldgeber gegenübersteht. — Die Banken gewähren also Kredit durch *darlehensweise* Hingabe von Geld[20].

Mit dieser Feststellung knüpfen wir wieder dort an, wo wir beim Geld aufgehört haben. Hingeben, überlassen kann die kreditgebende Bank nur Geld, körperlich existente, gesetzliche Zahlungsmittel. Die Geldhingabe kann aber ersetzt werden durch eine schriftliche Übertragung (sog. bargeldlose Zahlungen). In diesem Falle verzichtet der Kreditnehmer — aus Zweckgründen — auf die körperliche Herausgabe des ihm zugesagten Geldes; er läßt seinen Herausgabeanspruch von der Bank auf einen Dritten übertragen, vorausgesetzt, daß dieser die Übertragung als Zahlung annimmt. Damit wollen wir sagen, daß die kreditgebende Bank nur *Geld* darlehensweise zur Verfügung stellen kann. Die Bank kann sich im konkreten Einzelfall bemühen, die Verfügungsweise des Kreditnehmers zu beeinflussen, daß er seinen Anspruch auf Herausgabe baren Geldes nicht geltend macht, sondern den Anspruch auf seine Gläubiger überträgt. Weiter reicht ihr Einfluß

---

[20] Wir weisen darauf hin, daß es auch Kreditgewährungsformen der Banken gibt, bei denen die Geldhingabe nicht unmittelbar erscheint oder aufschiebend bedingt ist, z. B. Akzeptkredit, Avalkredit.

nicht[21]. Sie handelt zwar immer in der Erwartung, daß die gegen sie als Kreditgeberin gerichteten geldlichen Ansprüche nicht sofort oder wenigstens nicht in vollem Umfang zur Herausgabe baren Geldes führen, sondern möglichst häufig übertragen werden, aber bestimmen kann sie die Verfügungsweise nicht. Die geldlichen Ansprüche, die eine Bank nach freiem Ermessen durch ihre Kreditgewährung begründet, zwingen sie, ihr Geld dem freien Verfügungswillen der Kreditnehmer und insbesondere deren Nachfolger preiszugeben. Daraus erwächst das vom Kreditgeschäft untrennbare, besonders geartete Liquiditätsproblem der Banken.

II. Der Begriff Kreditschöpfung

1. Darstellung

Die Definitionsverwirrung, die bei den Begriffen Geld und Kredit vorherrscht, findet sich zwangsläufig wieder im Kreditschöpfungsbegriff. Der Kreditschöpfungsbegriff stammt aus der englisch sprechenden Welt. Dort wird unter „creation of credit" die Schaffung zusätzlicher Zahlungsmittel durch Kreditgewährung verstanden. Im deutschen Sprachgebiet wurde „creation of credit" einfach übersetzt mit „Kreditschöpfung", ohne Bedacht darauf zu nehmen, daß mit „credit" nicht „Kredit" gemeint ist, sondern kurzfristige Bankguthaben. Diese Bankguthaben sind nach überwiegender geldtheoretischer Auffassung Geld. Wenn also in der deutschsprachigen Literatur von Kreditschöpfung die Rede ist, dann ist in den meisten Fällen „Geldschöpfung" (Buch- oder Giralgeldschöpfung) gemeint. Unsere Einschränkung ‚in den meisten Fällen' deutet darauf hin, daß mit „Kreditschöpfung" und „Geldschöpfung" dennoch nicht immer gleiche Sachverhalte gedacht werden. Es gibt nämlich Autoren, die von Geldschöpfung reden, aber nicht Geldschöpfung im Sinne von Giralgeldschöpfung meinen; wieder andere reden von Kreditschöpfung, meinen aber nicht Geldschöpfung[22].

Soweit wir die verschiedenen Begriffsinhalte übersehen, liegt der Unterscheidung zwischen Kreditschöpfung und Geldschöpfung folgende Überlegung zugrunde: Jede Kreditgewährung einer Bank vermehrt die Geldmenge, jede Kreditgewährung ist Geldschöpfung — auch die reine Kreditvermittlung im Sinne der orthodoxen Theorie ist Geld-

---

[21] Ausschluß oder erhebliche Erschwerung der Barverfügung sind nach § 3 Ziff. 3 des Kreditwesengesetzes (KWG) verboten (Gesetz über das Kreditwesen vom 10. Juli 1961, BGBl. I 881).
[22] Die Sekundär-Literatur schafft in dieser Hinsicht noch mehr Verwirrung, weil der theoretische Standort der Autoren entweder unklar wiedergegeben oder außer Acht gelassen wird.

schöpfung, weil mit der Kreditgewährung der Kreditnehmer Verfügungsrecht über Geld erhält und dieses Geld, soweit es nicht für immer in den Verkehr abfließt, zur Entstehung eines neuen Bankguthabens führt. Diese einfache Geldschöpfung der Einzelbank wird durch die organisatorische Verbindung sämtlicher Banken vervielfacht. An früherer Stelle haben wir diesen Sachverhalt unter dem Titel „Kreditschöpfung des Bankensystems" erläutert. Alle Autoren, die die Kreditzusammenhänge in dieser Weise sehen, meinen daher einfache Geldschöpfung der Einzelbank und vielfache Geldschöpfung des Bankensystems. — Eine konsequente Fortführung dieses Gedankens ergibt, daß diejenige Theorie, nach der die Einzelbank zur Kreditschöpfung fähig ist, etwas anderes bzw. mehr meint als nur Geldschöpfung. Wenn angeblich mit der Kreditgewährung einer Einzelbank unter entsprechenden Voraussetzungen eine Geldschöpfung verbunden ist, dann sind die Kreditgewährungen dieser Bank zunächst auch geldschöpfend. Darüber hinaus soll aber die Einzelbank — unabhängig von den anderen Banken — zu einer, im Verhältnis zu ihren Einlagen mehrfachen Kreditgewährung in der Lage sein. Diese eigenmächtige Schaffung neuer geldlicher Kreditbeziehungen aus dem Nichts ist sog. Kreditschöpfung. Die Lehre von der Kreditschöpfung der Einzelbank meint also tatsächlich Kreditschöpfung — Kreditschöpfung, der eine Geldschöpfung nachgeordnet ist.

2. Kritik

Eine „creatio ex nihilo", eine Schöpfung aus dem Nichts kann — das haben wir schon einmal ausgesprochen — im Bereich des wirtschaftlichen Geschehens a priori nicht gedacht werden. Deshalb ist auch eine Kreditschöpfung aus dem Nichts nicht denkbar. In der reinen Logik drückt jeder Begriff etwas Meinbares aus; selbst Widerspruchsvolles kann Begriff sein und daher gemeint werden. So ist auch „Kreditschöpfung" — als isolierter Begriff — meinbar; wir haben ja gesehen, daß mit dem Begriff „Kreditschöpfung" etwas gemeint wird. Dieses Gemeinte fällt aber aus dem erkenntnistheoretischen Zusammenhang heraus. Es steht im Gegensatz zur apriorischen Einsicht, und deshalb kann es zwischen dem Begriff „Kreditschöpfung" im erkenntnistheoretischen Sinne und dem unterstellten Sachverhalt keine Identitätsbeziehungen geben.

Die Terminierung wissenschaftlicher Begriffe ist stets an den systematischen Zusammenhang gebunden, auf den sie Bezug nimmt. Aus diesem Grund ist es nicht unserem Belieben überlassen, welche Begriffe wir miteinander verbinden. Wenn wir Begriffe zusammen-

II. Der Begriff Kreditschöpfung

setzen, dann stellen wir damit fest, urteilen über etwas Seiendes[23]. Nun läßt sich aber nicht jeder Begriff mit einem beliebig anderen Begriff zu einem Urteil verbinden, denn das Urteil muß sich in den Begriffszusammenhang einfügen lassen. Gehören die miteinander verbundenen Begriffe verschiedenen Begriffsnetzen an, sind es also zwei disparate Begriffe, so fällt das Urteil aus dem allgemeinen Begriffszusammenhang heraus. Eine solche Disjunktion liegt bei der Begriffsverbindung „Kredit-Schöpfung" vor. Diese Verbindung läßt sich nicht in unser Denksystem einfügen. Sie ist ein Verstoß gegen die begrifflichen Verknüpfungsgesetze. Natürlich wissen wir, welches Urteil mit dieser Begriffsverbindung ausgesprochen wird; wir wissen es, weil uns zuvor gesagt wurde, welche Vorstellung dieser begrifflichen Verknüpfung zugrunde liegt. Um zu erklären, weshalb sich die beiden Begriffe Kredit und Schöpfung inhaltlich gegenseitig ausschließen, müssen wir uns kurz dem Begriff Schöpfung zuwenden.

Der Begriff Schöpfung hat zu wirtschaftlichen Verkehrsvorgängen keinerlei Beziehung; er ist diesem Bereich vollkommen fremd. Er führt uns zunächst in den Bereich des Metaphysischen und meint dort — streng genommen — im Gegensatz zu allem anderen Schaffen, das göttliche Schaffen[24], das aus dem voraussetzungslosen Nichts geschieht, das an bereits Vorhandenes nicht gebunden, vielmehr Ursache alles Vorhandenen ist. Nur das göttliche Schaffen ist creatio ex nihilo; es ist creatio ex nihilo pure negativo. — Im deutschen Sprachgebrauch wird der Inhalt des Begriffs „Schöpfung" allerdings nicht immer in dieser Ausschließlichkeit auf das göttliche Schaffen bezogen. Das erklärt sich daraus, daß die Bedeutung von „schöpfen" (haurire) und „schaffen" (creare) in dem althochdeutschen „scepfan" vereinigt sind[25]. Dieser sprachliche Zusammenhang ist der Grund, weshalb unter Schöpfung gelegentlich, insbesondere in künstlerischer Hinsicht, das Hervorbringen (das Schaffen) eines Objektes durch den Willen eines Subjektes verstanden wird. Trotzdem bleibt „Schöpfung aus dem Nichts" in seiner Aussage dem göttlichen Schaffen zugeordnet. Das Schaffen des Menschen hingegen beschränkt sich auf das Zusammensetzen, Ordnen, Gliedern, Verstehen und Berechnen sinnlicher Formen. Über dieses Ordnen und Verknüpfen der Erscheinungswelt zu sinnvollen Gegenständen und Zusammenhängen gelangt das menschliche Schaffen nicht hinaus — auch nicht in der Kreditwirtschaft.

---

[23] Der Begriff „Kreditschöpfung" ist die substantivierte Form eines Urteils.
[24] Vgl. Rittershausen, Heinrich, Bankpolitik. Eine Untersuchung des Grenzgebiets zwischen Kredittheorie, Preistheorie und Wirtschaftspolitik, Frankfurt/Main 1956, S. 97 ff.
[25] Trübners Deutsches Wörterbuch, begründet von Alfred Götze, herausgegeben von Walther Mitzka, Berlin 1954/57, Stichworte: schöpfen und Schöpfung.

C. Begriffliche Grundlagen

Kredit haben wir definiert als eine vertragliche Beziehung zwischen zwei Wirtschaftssubjekten, deren Objekt bei den Banken darlehensweise überlassenes Geld ist. Es muß also unmittelbar verständlich sein, daß eine Kreditschöpfung aus dem Nichts nicht gemeint werden kann. Auch die Ausdrucksveise „Kredit wird geschöpft" ist nicht richtig. Kredit, als Beziehung verstanden, kann nicht geschöpft werden, denn geschöpft werden — im Sinne des lateinischen Verbs ‚haurire' — kann nur etwas, das bereits vorhanden ist. Kredit wird geschaffen[26].

Die begriffliche Verbindung von „Kredit" und „Schöpfung aus dem Nichts" müssen wir sowohl vom Inhalt als auch von der Sprache her ablehnen. Wenn dem kreditwirtschaftlichen Mechanismus schon produktive Kräfte zugeschrieben werden, dann wäre es inhaltlich und sprachlich das Richtige gewesen, Kreditschaffung oder noch besser Kreditproduktion oder Krediterzeugung zu sagen; denn Produktion setzt das Vorhandensein von Produktionsmitteln voraus.

Wir haben vorhin darauf aufmerksam gemacht, daß mit Kreditschöpfung meist Geldschöpfung (Giralgeldschöpfung) gemeint ist. Auch dieser Begriff ist — verbunden mit der Unterstellung, daß aus dem Nichts geschöpft werde — gedanklich und sprachlich nicht vertretbar. Genau so wie Wasser, kann auch Geld nicht aus dem Nichts geschöpft werden. Geld wird geschaffen. — Das in diesem Zusammenhang von der Theorie gemeinte Geld sind die Bankguthaben und diese Bankguthaben werden nach der Theorie von den kreditgebenden Banken aus dem Nichts geschaffen. Diesem Gedanken können wir uns nicht anschließen. Wenn es tatsächlich so wäre, würden die Banken etwas verkaufen, wofür sie keine Vorleistung erbracht haben, sie würden Geld mit einem „Nichts" verdienen. Die Kreditgewährungen der Banken wären zum größten Teil eine unendliche Kette organisierten und sanktionierten Betrugs. Wie wir die Dinge sehen und verstehen, das wollen wir in den nun folgenden Abschnitten aufzeigen.

---

[26] Vgl. dazu die Bemerkung von Bendixen, die er im Zusammenhang mit dem Problem der Geldschöpfung geäußert hat: „‚Geldschöpfung' ist die Verdeutschung von Geldkreation. Das dazu gehörige Zeitwort heißt: schaffen, schuf, geschaffen, nicht: schöpfen, schöpfte, geschöpft. — ‚Geldschaffung' würde soviel heißen wie: Herbeischaffung von (vorhandenem) Geld, wozu das Zeitwort lautet: schaffen, schaffte, geschafft. Ich bin leider nicht mehr berechtigt, diese Bemerkung für überflüssig zu halten (1919)."
Bendixen, Friedrich, Geld und Kapital, 2. Aufl., Jena 1920, S. 51. Fußnote.

D. Theoretische Erklärung der bankgeschäftlichen Kreditgewährung

I. Die Banken im Kreditgeschäft

1. Ein- und Verkauf — Geldumwandlungsprozeß

Solange das Geld, das gesetzliche Zahlungsmittel, den Teilnehmern der staatlichen Zahlungsgemeinschaft die zirkulatorische Befriedigung gewährt, solange ist es ein begehrtes Gut. Dieses Gut ist in unserer arbeitsteiligen Marktverkehrswirtschaft vor das „Brot", vor alle materiellen und vor viele immaterielle Bedürfnisse gesetzt. Deshalb streben alle Wirtschaftssubjekte, die selbständigen und die unselbständigen, nach diesem Gut, nach Geld. Das Streben nach Geld bringt es mit sich, daß zu keinem Zeitpunkt das Bedürfnis nach Geld bei allen Wirtschaftsteilnehmern gesättigt ist. Zeitlich gesehen, gibt es stets Wirtschaftssubjekte, die mehr Geld haben, als sie ausgeben wollen, und solche, die mehr Geld ausgeben wollen, als sie besitzen. Diese entgegengesetzten Interessen sind der Grund, weshalb Geld auf Zeit eingekauft bzw. verkauft wird, und das ist nichts anderes als das kreditäre Nehmen und Geben von Geld. Dieses Kreditnehmen und Kreditgeben spielt sich vornehmlich auf dem organisierten Markt für Geld, das darlehensweise überlassen werden möchte, ab. An diesem Markt beteiligen sich insbesondere die Kreditinstitute. Die besondere Stellung der Kreditinstitute in diesem Markt ist dadurch gekennzeichnet, daß sie zugleich als Nachfrager und Anbieter auftreten.

Um diese Nachfrager-Anbieter-Stellung der Kreditinstitute zu erklären, müssen wir einen kurzen Umweg einschlagen. Eine besondere Art des Gelderwerbs ist die unternehmerische Gewinnerzielung. Der Gewinn ist ein marktwirtschaftliches Differenzeinkommen, ein Einkommen, das sich aus der Differenz zwischen Einkaufspreis und Verkaufspreis ergibt; er ist ein Mehr an Geld. Daraus ist unmittelbar zu verstehen, daß das unternehmerische Gewinnstreben darauf abgestellt ist, aus dem eingesetzten Geld Mehr-Geld zu machen. Und das geschieht beim Unternehmer dadurch, daß er mit Geld etwas einkauft und dieses Eingekaufte zu einem im Verhältnis zum Einkaufspreis höheren Preis verkaufen will. Der Unternehmer befindet sich also stets zwischen zwei Märkten: einem Einkaufs- oder Beschaffungsmarkt und einem Verkaufs- oder Absatzmarkt. Aus diesen beiden Märkten kann er sich nicht herauslösen, ohne damit sein Ziel aufzugeben. Der Unternehmer ist auf die zweiseitige Marktverbundenheit angewiesen.

Es ist nunmehr unschwer einzusehen, daß das Verkaufs- und Einkaufsbedürfnis von Geld auf Zeit vieler Wirtschaftsteilnehmer einer unternehmerischen Betätigung zugänglich ist. Wir nennen diejenigen Kreditinstitute, die den darlehensweisen Einkauf und Verkauf von Geld erwerbswirtschaftlich, unternehmerisch betreiben, die Geschäftsbanken. Natürlich gibt es in unserer gegenwärtigen Kreditwirtschaft neben den privatwirtschaftlich orientierten Banken Kreditinstitute, die sich nicht unmittelbar um des Gelderwerbs willen mit dem „Geldgeschäft" abgeben. Wir meinen hiermit beispielsweise die Sparkassen und Kreditgenossenschaften. Ihr Handeln ist nicht vom unternehmerischen Gewinnstreben beherrscht; sie werden tätig im Interesse der Gemeinnützigkeit oder im Interesse genossenschaftlicher Prinzipien. Trotzdem gibt es für alle Kreditinstitute, gleichgültig nach welchen formalen Prinzipien sie geführt werden, sofern sie einer marktwirtschaftlichen Ordnung ausgesetzt sind und sofern sie nicht durch eine übergeordnete Instanz am Leben gehalten werden, Abhängigkeiten, denen sie nicht entrinnen können. Das sind der Einkauf und der Verkauf und der damit zwangsläufig verbundene Geldumwandlungsprozeß. Ohne den Einkauf kann es den Verkauf nicht geben — das muß nachdrücklich festgehalten werden!

Die Banken[1] nehmen und geben Kredit — das steht ganz am Anfang unserer Ausführungen. Wir müssen jetzt sagen: die Banken kaufen und verkaufen die darlehensweise Überlassung von Geld. Sie kaufen und verkaufen also nicht das Geld selbst, sondern die Nutzung des Geldes für die Dauer der darlehensweisen Überlassung[2]. Einkaufspreis und Verkaufspreis ist der jeweilige Zins. — Um uns künftig kürzer ausdrücken zu können, schreiben wir für „darlehensweise überlassenes Geld" den Ausdruck „Leihgeld". — Das Leihgeldgeschäft der Banken ist ein zweiseitiges Kreditgeschäft. Nach beiden Seiten, zur Einkaufsseite und zur Verkaufsseite hin, entstehen für die einzelne Bank Kreditbeziehungen. Die Banken befinden sich also genau in der Mitte zwischen denjenigen, die Leihgeld auf Zeit verkaufen, und denjenigen, die Leihgeld auf Zeit kaufen wollen. Auf der Einkaufsseite stehen den Banken solche Wirtschaftssubjekte gegenüber, die ein vorübergehendes Geldanlagebedürfnis haben und die außerdem einen geld-

---

[1] Aus Gründen der Einfachheit beziehen wir unsere folgenden Ausführungen auf die privatwirtschaftlich geführten Kreditinstitute, auf die Geschäftsbanken, kurz Banken genannt; sie gelten, entsprechend modifiziert, auch für die nicht unternehmerisch betriebenen Institute, z. B. Sparkassen und Kreditgenossenschaften.

[2] Geld wird nicht gegen Geld eingekauft und verkauft.

I. Die Banken im Kreditgeschäft

lichen Ertrag aus ihrem Geldbesitz erstreben. Es handelt sich hier vorwiegend um die temporären Ersparnisse der Konsumenten und um die kurzfristigen Kassenüberschüsse und langfristigen geldlichen Reserven der Unternehmer. Diese eingekauften Gelder werden von den Banken sinnfälligerweise an diejenigen Wirtschaftssubjekte verkauft, die einen vorübergehenden Geldbedarf haben, die als Nachfrager nach Leihgeld bei den Banken erscheinen. Der Verkauf seitens einer einzelnen Bank hat selbstverständlich zur Voraussetzung, daß diese Bank dazu bereit ist, den Kaufwilligen zu kreditieren. Als Käufer treten gegenüber den Banken wiederum die Verbraucher, vornehmlich jedoch die Unternehmer auf, deren Geldbedarf aus marktwirtschaftlichen Gründen Schwankungen unterworfen ist. Die Gründe, denen wir hier im einzelnen nicht nachgehen wollen, sind in den ungleichen Produktions- und Konsumtionsrhythmen der vielseitig zusammenhängenden Produktions- und Konsumtionswirtschaften zu suchen.

Das sog. Kreditgeschäft, das Leihgeldgeschäft der Banken ist, so gesehen, ein reines Handelsgeschäft. Es ist nicht das einzige Handelsgeschäft der Banken; so sind beispielsweise das Sorten- und Devisengeschäft und das Wertpapiergeschäft ebenso Handelsgeschäfte. Mit Fug und Recht kann aber das Kreditgeschäft als das Grund(handels)geschäft aller Bankgeschäfte angesehen werden. Alle sonstigen Bankgeschäfte[3] ergänzen mehr oder weniger das Grundgeschäft. Eine Bank ohne Kreditgeschäft gibt es nicht.

Die Banken betreiben ihr Kreditgeschäft nicht deshalb, damit das anlagesuchende Geld dorthin gelangt, wo es gewünscht wird; sie betätigen sich auf dem Markt nicht als gemeinnützige Leihgeld-Versorgungsanstalt. Für sie ist dieses Geschäft ein Mittel zum Zweck, ein Mittel, um geldliches Einkommen, Gewinn zu erzielen. Das erreichen sie nur, wenn es ihnen gelingt, das auf dem Beschaffungsmarkt eingekaufte Leihgeld auf dem Absatzmarkt zu einem höheren Preis zu verkaufen. Dieser unternehmerische Ein- und Verkauf ist stets mit einem Geldumwandlungsprozeß verbunden, d. h. mit einer Umwandlung von Geld in Nicht-Geld und von einer Rückumwandlung dieses Nicht-Geldes in Wieder-Geld, das entsprechend der unternehmerischen Zielsetzung ein Mehr-Geld sein soll. Einfacher ausgedrückt heißt das, die spätere geldliche Einnahme soll größer sein als die frühere geldliche Ausgabe. Das Ergebnis darüber ist erst in der Zukunft feststellbar, nämlich dann, wenn die Geldumwandlung beendet ist. Die Einnahme ist also stets der Ausgabe nachgeordnet, oder umgekehrt, die Ausgabe strebt zur Einnahme. Diese Zusammenhänge sind uns bei den

---

[3] So z. B. die Vermittlungsgeschäfte, Dienstleistungsgeschäfte, Treuhandgeschäfte, Kommissionsgeschäfte und der Bankservice.

44 D. Theoretische Erklärung der bankgeschäftlichen Kreditgewährung

Industrie- und Handelsunternehmen bekannt und geläufig. Dort tritt die Umwandlung des Geldes in Ware und diese in Wieder-Geld ganz deutlich in Erscheinung. Bei den Banken liegen die Dinge nicht anders; sie sind nur nicht so offensichtlich, weil das Handelsobjekt, das Objekt der bankwirtschaftlichen Produktion, selbst Geld ist. Die Banken kaufen mit ihrem eingesetzten Geld keine Rohstoffe oder Handelsware, die an die Endverbraucher verkauft werden sollen, ein, sondern sie kaufen mit ihrem Geld Leih-Geld und verkaufen dieses Leih-Geld wiederum gegen Geld. Während bei den Nicht-Banken-Unternehmungen der Geldumwandlungsprozeß mit *einer* Geldausgabe beginnt, ist die Umwandlung von Geld in Nicht-Geld in der bankwirtschaftlichen Produktion mit *zwei* aufeinanderfolgenden Geldausgaben verbunden: erstens die Ausgabe, der Einkaufspreis (der Zins) für das Leihgeld, und zweitens die Ausgabe dieses Leihgeldes an die Kreditnehmer, die damit zu Debitoren der kreditgebenden Bank werden. Mit der Ausgabe an den Kreditnehmer ist für die betreffende Bank aus Geld Nicht-Geld geworden. An die Stelle des Geldes ist eine Forderung auf Geld getreten. Die erste Phase des Geldumwandlungsprozesses, die Umwandlung von Geld in Nicht-Geld, ist damit für die Bank abgeschlossen. In der nun folgenden, zweiten Phase, in der sich die Umwandlung des Nicht-Geldes in Wieder-Geld vollziehen soll, fällt für die einzelne Bank die Entscheidung über das Ergebnis ihres unternehmerischen Einsatzes. Analog zur ersten Phase der Geldumwandlung, die zwei geldliche Ausgaben bedingt, ist die Umwandlung von Nicht-Geld in Wieder-Geld erst dann im Sinne des gesetzten Zweckes beendet, wenn die Bank zwei Einnahmen erhalten hat: erstens die Einnahme des ausgegebenen Leihgeldes und zweitens die Einnahme, der Verkaufspreis (der Zins) für das Leihgeld. — Um vollständig zu sein, sei noch darauf hingewiesen, daß der Einkauf des Leihgeldes und die Rückgabe dieses Leihgeldes an den Geldgeber bei der Bank als Einnahme und als spätere Ausgabe erscheinen.

Wir haben nun folgendes Ergebnis: Der bankwirtschaftliche Geldumwandlungsprozeß weist keine das Grundsätzliche berührenden Unterschiede auf gegenüber den Umwandlungsprozessen der Nicht-Bank-Unternehmungen. Eine Bank als Unternehmung ist den gleichen marktwirtschaftlichen Abhängigkeiten ausgesetzt wie jede andere Unternehmung.

2. Der Zahlungsverkehr

Mit dem Leihgeldeinkauf und dem Leihgeldverkauf der Banken sind geldliche Vorgänge verbunden, die wir Zahlungen nennen. Ohne Zahlungen ist das Leihgeldgeschäft der Banken nicht durchführbar. Es beginnt mit Einnahmen und endet mit Ausgaben. Im Querschnitt einer einzelnen Bank sieht es nicht anders aus: Einnahmen und Ausgaben, Einzahlungen und Auszahlungen wechseln sich gegenseitig ab, überlagern und überschneiden sich. Der Summe der Einzahlungen steht die Summe der Auszahlungen gegenüber. Zueinander sind Ein- und Auszahlungen gegenläufig, aber zu keinem Zeitpunkt kann die Höhe der Einzahlungen kleiner sein als die der Auszahlungen[4]. — Die technische Abwicklung der Zahlungen in ihrer Gesamtheit bezeichnen wir als Zahlungsverkehr. Sowohl die einzelne Zahlung als auch das Gesamt der Zahlungen, an denen eine Bank beteiligt ist, kann unter rein technischen Gesichtspunkten beschrieben werden. In unserem Zusammenhang interessieren uns zunächst organisatorische Aspekte des Zahlungsverkehrs, soweit wir sie für wesentlich halten, in erster Linie aber der wirtschaftliche und rechtliche Hintergrund oder Inhalt der Zahlungen. — Einen klärenden Hinweis müssen wir noch vorausschicken. Der Zahlungsverkehr bei den Banken ist teils bar, teils unbar. Beim unbaren Zahlungsverkehr, dem sog. bargeldlosen Zahlungsverkehr, gibt es keine Ein- und Auszahlungen. Im unbaren Zahlungsverkehr wird zwar auch „gezahlt", aber nicht mit körperlichem, konkret vorhandenem Geld, sondern mit einer Forderung auf Geld. Die Besonderheit dieses Zahlungsverkehrs ist organisatorischer und rechtlicher Art. Bankwirtschaftlich oder kreditwirtschaftlich ist er höchst bedeutsam. Unsere Aussage, das Kreditgeschäft der Banken beginne mit einer Einzahlung (Einnahme) und ende mit einer Auszahlung (Ausgabe), wird dadurch aber nicht hinfällig.

Der bare Zahlungsverkehr der Banken ist ein reiner Kassenverkehr, ein Verkehr von Kasse zu Kasse. Die einzelne Bank ist Kassenführerin ihrer Kunden; sie nimmt Einzahlungen entgegen und leistet auf Verlangen Auszahlungen, und darüber führt sie eine Rechnung, eine Einnahmen- und Ausgabenrechnung. Da aber die Bank nicht *einen* Kassenkunden, sondern viele Kunden hat, ist sie gezwungen, für jeden ihrer Kunden eine gesonderte Rechnung aufzumachen. Diese Kundenrechnung wird Konto genannt. Eine Bank hat daher mindestens soviele Kundenkonten, als sie Kunden hat, die an ihrem Zahlungsverkehr teilnehmen. Auf dem einzelnen Kundenkonto verzeichnet die Bank in zeitlicher Reihenfolge die Ein- und Auszahlungen in der Höhe des jeweiligen Betrages. Daneben registriert sie in ihrer Kassenrechnung die Einzahlungen als Einnahmen und die Auszahlungen als Ausgaben. Der Bankkassenrechnung steht also eine Vielzahl von Kundenrechnungen, die Konten, gegenüber. Beide, die Kassenrechnung der Bank und die einzelnen Kundenkonten, sind vollkommen getrennte Rechnungen; für die Bank besteht zwar zwischen bei-

---

[4] Zahlungen aus eigenen Mitteln der Bank schließen wir aus.

den ein rechnerischer Zusammenhang, der aber nicht maßgebend ist für die Rechnungen, die die Bank im Auftrage ihrer Kassenkunden führt. Den einzelnen Kassenkunden interessiert lediglich, was auf seinem Konto von der Bank zu- und abgeschrieben wurde.

Der bare Zahlungsverkehr der Banken ist ein Geldverkehr von Kasse zu Kasse. Daraus ergibt sich die ganz einfache Folgerung: der gesamtwirtschaftliche Kassenbestand wird durch diesen Verkehr weder vermehrt noch vermindert; durch die Kassenvorgänge verändern sich lediglich die Kassenbestände der am Zahlungsverkehr beteiligten Wirtschaftssubjekte. Mit einem Kassenzugang korrespondiert stets ein gleich hoher Kassenabgang. Veränderungen des Gesamtkassenbestandes können sich daher nur aus Geldvermehrungen und Geldvernichtungen, die ausschließlich die zentrale Geldinstanz, die Notenbank, vornehmen kann, ergeben[5].

Der Bargeld-Zahlungsverkehr ist nur ein kleiner Teil des Zahlungsverkehrs, an dem die Banken beteiligt sind. Den größten Anteil am Bank-Zahlungsverkehr hat der sog. bargeldlose oder unbare Zahlungsverkehr. Der Bankzahlungsverkehr ist also ein gemischter Zahlungsverkehr, innerhalb dessen allerdings der unbare Verkehr vorherrscht. Letzterer steht so sehr im Vordergrund, daß er als typisch und charakteristisch für den Zahlungsverkehr der Banken angesehen wird. Er ist ein Erzeugnis bankwirtschaftlicher Organisation und Technik und ist, jedenfalls in seinem heutigen Umfang, ohne die Banken nicht vorstellbar. Seine Existenz leitet er vom baren Zahlungsverkehr ab und ist mit diesem untrennbar verbunden. Es gibt keinen vom Geld losgelösten unbaren Zahlungsverkehr[6]. Diese Bindung wird u. E. häufig übersehen. Dazu werden wir uns ausgiebig äußern. Zuvor aber noch ein anderes.

Der Zahlungsverkehr, den die Banken durchführen, ist eine Dienstleistung der Banken für ihre Kunden. Im Gegensatz zu den sonstigen Dienstleistungsgeschäften der Bank handelt es sich hier um eine mit dem Leihgeldgeschäft unumgänglich verbundene Dienstleistung. Eine Bank ohne Zahlungsverkehr kann es nicht geben. Der Zahlungsverkehr ist aber keine Dienstleistung, die, weil sie unabdingbar ist, von den Banken nebenbei und zwecklos erledigt wird. Die Banken fordern für diese Dienstleistung ein Entgelt, die sog. Spesen.

Wir sagten, der unbare Zahlungsverkehr setze den baren Zahlungsverkehr voraus, da er von diesem abgeleitet sei. Das läßt sich ganz einfach aus folgendem Zusammenhang erklären: Objekte des unbaren

---
[5] Verlust und Vernichtung von Bargeld außerhalb der Notenbank schließen wir aus.
[6] Die Bezeichnung „bargeldlos", die vorwiegend in der Literatur und in der Praxis verwendet wird, halten wir theoretisch nicht für richtig.

Zahlungsverkehrs sind die Bankguthaben, und die Bankguthaben sind der Niederschlag bargeldlicher Vorgänge. Das ist nicht immer unmittelbar erkennbar, insbesondere dann nicht, wenn es sich um Guthaben handelt, die offensichtlich aus einer Kreditgewährung entstanden sind. Wenn wir aber sagen, daß die Banken Kredit nur auf der Grundlage vorhandenen Geldes geben können — was wir noch nachzuweisen haben — dann gibt es nur die eine Schlußfolgerung: der unbare Zahlungsverkehr der Banken beginnt und endet mit dem gesetzlichen Zahlungsmittel, mit Geld. So unbedeutend diese Aussage scheinen mag, ist sie dennoch wesentlich für das Verständnis der Zusammenhänge, die zwischen den Zahlungsmitteln Geld und Bankguthaben bestehen. Die Bankguthabenzahlung ist eine organisatorische Fortsetzung der Bargeldzahlung, oder anders gesagt, der unbare Zahlungsverkehr knüpft dort an, wo der bare Zahlungsverkehr aufhört. Über die Banken verbindet sich der unbare mit dem baren Zahlungsverkehr; die Banken, so könnte man sagen, sind die Nahtstellen dieser Verbindung. Es sei aber noch einmal ausdrücklich gesagt, daß der unbare Zahlungsverkehr mit dem baren steht und fällt, weil er auf diesem aufbaut; nur in dieser Abhängigkeit ist er funktionsfähig.

Der Beginn des unbaren Zahlungsverkehrs setzt also einen Barvorgang voraus, und dieser Barvorgang ist nichts anderes als eine Geldeinzahlung eines Bankkunden: Die Bankkasse nimmt zu und der Bankkunde hat ein Bankguthaben in Höhe des eingezahlten Betrages. Für die Bank ist das Bankguthaben eine geldliche Verpflichtung gegenüber dem Einzahler und für den Bankkunden ist es ein geldliches Verfügungsrecht gegenüber der Bank. Der Bankkunde hat nun drei Möglichkeiten, sein Verfügungsrecht über das Bankguthaben auszunutzen. Er kann erstens das eingezahlte Geld der Bank wieder abverlangen; zum zweiten kann er mittels Scheck oder Anweisung seine Bank auffordern, das von ihm eingezahlte Geld an einen Dritten auszuzahlen, und drittens kann er von der Bank verlangen, daß sie das ihm zustehende Verfügungsrecht über Geld an einen Dritten überträgt. Zwischen diesen drei Verfügungsmöglichkeiten kann der Berechtigte beliebig wählen, und zwar solange, bis sein Verfügungsrecht erschöpft ist. Nach der dritten genannten Möglichkeit zahlt der Bankguthabenberechtigte also nicht mit Geld, sondern er zahlt mit einem Anspruch auf Geld. Diese Art der Zahlung bezeichnen wir als unbare Zahlung (= sog. bargeldlose Zahlung oder Girozahlung), denn sie ist eine Zahlung ohne Geld. Wir müssen dazu ausdrücklich betonen, daß das nur für den Verfügungsberechtigten gilt, nicht aber für die Bank. Für den Guthabenbesitzer ist es eine Zahlung ohne Geld, denn er gibt dem Zahlungsempfänger kein Geld, sondern er läßt seinen Geldanspruch auf diesen übertragen. Für die Bank hingegen gibt es keine

48   D. Theoretische Erklärung der bankgeschäftlichen Kreditgewährung

Zahlung ohne Geld. Auf den ersten Blick ist das nicht ohne weiteres verständlich. Deshalb müssen wir zwei typische Zahlungsvorgänge, die, vom Bankkunden her gesehen, unbare Zahlungen darstellen, genauer untersuchen.

Erster Zahlungsvorgang — mit folgenden Annahmen:

A und B sind Kunden derselben Bank. A hat ein Guthaben in Höhe von 100 Geldeinheiten (GE), B ein Guthaben in Höhe von 50 GE. Der Kassenbestand der Bank beträgt 150 GE, ihre Verbindlichkeiten machen zusammen ebenfalls 150 GE. A ist Schuldner von B und hat an diesen 20 GE zu bezahlen. A gibt der Bank den Auftrag, an B 20 GE zu überweisen. Was tut nun die Bank? Sie schreibt vom Konto des A 20 GE ab und schreibt sie dem Konto des B zu. Mit der Gutschrift auf dem Konto des B hat A seine Schuld bezahlt — und zwar ohne Geld, denn er hat kein Geld gegeben, sondern er hat einen Anspruch auf Geld, das bei der Bank liegt, an seinen Gläubiger abgetreten. Das ist unbare Zahlung unter Bankkunden. Bei der Bank, die die Umschreibung auf den Konten vorgenommen hat, ist kein Zahlungsvorgang zu verzeichnen; bei ihr hat lediglich ein Gläubigerwechsel stattgefunden. Weder ihre Kasse noch die Summe der gegen sie gerichteten geldlichen Ansprüche hat sich verändert. — Wollte man das Umschreiben von Konto auf Konto durch die Bank dennoch als Zahlung auffassen, würde sich trotzdem an unserer Aussage, daß es für die Bank keine Zahlung ohne Geld gibt, nichts ändern. Die gegen eine Bank gerichteten Geldansprüche bedingen zwangsläufig, daß die Bank in gleicher Höhe entweder das Geld in der Kasse oder vorübergehend ausgeliehen hat[7]. Die Guthabenübertragungen bei der Bank — man mag sie auch Zahlungen nennen — setzen also voraus, daß Geld vorhanden ist, über das die Bank das Verfügungsrecht hat.

Zweiter Zahlungsvorgang — mit folgenden Annahmen:

Wir unterstellen die gleichen Verhältnisse wie vorher — mit einer Ausnahme: B ist Kunde einer anderen Bank (Bank 2). Anstelle nur einer Bank sind jetzt zwei Banken beteiligt (Bank 1 und Bank 2). Was geschieht nun, wenn der Kunde A seiner Bank (Bank 1) den Auftrag gibt, an B einen Teil seiner Geldansprüche zu übertragen? Es ist völlig klar, daß die Bank 1 den Auftrag ihres Kunden nicht einfach durch Umschreiben von Konto auf Konto erledigen kann, denn für B führt sie keine Rechnung. Sie muß daher mit der Bank 2 des B Verbindung aufnehmen, und es bleibt ihr gar nichts anderes übrig, als an die Bank 2 den angegebenen Betrag von 20 GE zu zahlen. Bei der Bank 1 verringert sich damit die Kasse um 20 GE; ihre Verbindlichkeiten bzw. die Ansprüche des Kunden A nehmen eben-

---

[7] Das Geld kann auch teils in der Kasse, teils ausgeliehen sein.

falls um 20 GE ab. Dem Kassenausgang bei der Bank 1 entspricht ein gleich hoher Kassenzugang bei der Bank 2, und diesen Betrag schreibt die Bank 2 dem Begünstigten, ihrem Kunden B, auf dessen Konto gut. Insgesamt hat sich an der Summe der Kassenbestände und der Summe der Kassenguthaben nichts geändert; es sind lediglich Verschiebungen unter den beteiligten Banken eingetreten. A hat also auch in diesem Falle auf dem Überschreibungsweg an B gezahlt, für ihn ist es eine unbare Zahlung. Die beauftragte Bank jedoch konnte bei ihrer Zahlung auf Geld nicht verzichten. — Die Verrechnungsmöglichkeiten im Clearing und die Möglichkeit, anstelle der Geldzahlung eine Verbindlichkeit (Nostroverpflichtung) zu übernehmen, können nicht zu Einwänden herangezogen werden, da es sich hier um die Darstellung eines Grundvorganges handelt, die das Einbeziehen rechnungstechnischer Vorgänge ausschließt. — Wir können nun begründet wiederholen: es gibt keine Bankzahlungen ohne Geld!

Die beiden beschriebenen Zahlungsvorgänge lassen folgende Zusammenhänge erkennen:

Guthabenübertragungen innerhalb einer Bank verändern weder die Summe der Guthaben (Geldansprüche) noch den Kassenbestand. Die Bankkasse wird von diesen Vorgängen nicht berührt. Durch die einzelnen Übertragungen verändert sich nur die Höhe der Einzelguthaben; die Summe sämtlicher Guthaben bleibt unverändert, da jeder Zuschreibung eine gleich hohe Abschreibung entspricht.

Diese Größenbeziehungen gelten auch für den zwischenbanklichen Guthabenverkehr. Die Summe sämtlicher Bankguthaben und die Summe aller Bankkassenbestände werden durch Guthabenübertragungen nicht vermehrt und nicht vermindert. Veränderungen treten nur bei den einzelnen beteiligten Banken auf. Einem Kassen- und Guthabenzugang bei der einen Bank entsprechen ein Kassen- und Guthabenabgang bei der anderen Bank. Der wesentliche Unterschied zwischen den beiden Vorgängen ist also darin zu sehen, daß im Gegensatz zur innerbanklichen Guthabenübertragung die zwischenbankliche Guthabenübertragung eine Geldbewegung von Bankkasse zu Bankkasse zur Folge hat.

Der bare und der unbare Zahlungsverkehr sind gleicherweise am Leihgeldeinkaufsgeschäft (passives Kreditgeschäft) und am Leihgeldverkaufsgeschäft (aktives Kreditgeschäft) beteiligt. Die einzige Voraussetzung dafür, daß eine Bank einen Zahlungsauftrag eines Kunden auszuführen bereit ist, ist ein Guthaben. Der Bankkunde muß entweder über ein durch Geldeinzahlung oder Guthabenübertragung entstandenes Guthaben oder über ein Kreditguthaben (eingeräumter Kredit) verfügen können. Die Annahme von Zahlungen (Einzahlungen,

4 Scheytt

Überweisungen usw.) zugunsten der Bankkunden erfordert schließlich, daß die annehmende Bank für den betreffenden Kunden ein Konto führt. Der Zahlungsverkehr der Banken ist also unabhängig von dem Inhalt der für den einzelnen Kunden geführten Rechnung. Für die Einzelbank ist es allerdings nicht gleichgültig, ob sie einerseits Zahlungen zu Lasten eines Guthabenkontos oder Kreditkontos zu leisten hat oder ob sie andererseits Zahlungen annimmt zugunsten einer Gläubiger- oder Schuldnerrechnung.

Diejenigen Zahlungen, die eine Bank in ihrem Verkaufsgeschäft (das sog. aktive Kreditgeschäft) leistet, ergeben eine Rechnungsgröße, die wir bisher nicht berücksichtigt haben. Da sind die Debitoren oder Schuldner der Bank, also diejenigen, denen die Bank darlehensweise Geld überlassen hat. Eine Zahlung der Bank an einen oder für einen Kreditnehmer führt bei der Bank alternativ oder gemischt zu folgenden Veränderungen:

Erster Zahlungsvorgang — Geldauszahlung an den Kreditnehmer oder an einen vom Kreditnehmer begünstigten Dritten: Die Bankkasse verringert sich um den ausgezahlten Betrag; in gleicher Höhe nehmen die geldlichen Forderungen der Bank, die Debitoren, zu.

Zweiter Zahlungsvorgang — Der Kreditnehmer zahlt mittels Scheck oder Überweisung an seinen Gläubiger, der gleichzeitig Gläubiger der kreditgebenden Bank ist: Am Kassenbestand der Bank ändert sich nichts; statt dessen erhöhen sich die Forderungen und Verbindlichkeiten der Bank um den gleichen Betrag. Ist der Zahlungsempfänger jedoch Schuldner der kreditgebenden Bank, dann nehmen die Forderungen der Bank um den gleichen Betrag zu und ab, d. h., die Summe der Forderungen bleibt unverändert.

Dritter Zahlungsvorgang — Der Kreditnehmer der kreditgebenden Bank 1 zahlt mittels Scheck oder Überweisung an seinen Gläubiger; dieser ist Gläubiger einer anderen Bank (Bank 2). Durch die Zahlung der Bank 1 an die Bank 2 ändert sich folgendes: Bei der Bank 1 vermindert sich die Kasse und die Forderungen nehmen zu. Die Bank 2 verzeichnet einen Kassenzugang und eine Zunahme ihrer Verbindlichkeiten. Für den Fall, daß der Zahlungsempfänger Schuldner der Bank 2 ist, steht bei dieser Bank der Kassenzunahme eine Abnahme ihrer Forderungen gegenüber.

Analog zu unseren früheren Ausführungen ist auch für die mit einer Kreditgewährung verbundenen Zahlungsvorgänge der Banken festzustellen, daß es keine Bankzahlungen ohne Geld gibt. Bei den unter 1 und 3 genannten Vorgängen ist das unmittelbar einzusehen, denn der Kassenbestand der kreditgebenden Bank nimmt in allen Fällen ab. Die dem zweiten Vorgang zuzuordnenden Fälle hingegen verursachen keine Geldbewegung. Für die beteiligte Bank sind es streng genommen keine Zahlungsvorgänge, sondern einfache Übertragungs- oder Verrechnungsvorgänge von Geldforderungen. Ohne die kreditären Zahlungsvorgänge stellten wir sowohl für die Einzelbank als auch für sämtliche Banken folgende Größenbeziehung fest:

Bankkassenbestand = Summe der Bankguthaben[8].

Diese Gleichung wird durch die Veränderungen, die sich aus den kreditären Zahlungsvorgängen ergeben, um ein Glied erweitert und sieht, gültig für die Einzelbank und für die Gesamtheit der Banken, so aus:

Bankkassenbestand + Debitoren = Summe der Bankguthaben[8].

In diesen Zusammenhang lassen sich *alle* Vorgänge (Kassen- und Verrechnungsvorgänge) einordnen.

In der täglichen Praxis der Banken werden Geldeinzahlungen, Geldauszahlungen und Zahlungsanweisungen (Überweisungen, Schecks usw.) in großer Zahl durchgeführt. Die mit den einzelnen Zahlungsvorgängen verbundenen Veränderungen — wie wir sie eben beschrieben haben — werden durch die Vielzahl der Vorgänge aber nicht hinfällig. Es liegt jedoch auf der Hand, daß sich aus dem Zahlungsverkehr der Banken organisatorische und verrechnungstechnische Möglichkeiten ergeben. Die Banken haben sich die für diesen Verkehr erforderlichen organisatorischen Einrichtungen bzw. die dafür zweckvollen verrechnungstechnischen Mittel geschaffen. Ohne sie wäre der Zahlungsverkehr in seinem heutigen Ausmaß nicht durchführbar. Zu den organisatorischen Einrichtungen und verrechnungstechnischen Mitteln gehören die Gironetze bzw. der Giroverkehr der verschiedenen Bankgruppen[9] und die an den einzelnen Bankplätzen eingerichteten Abrechnungsstellen (die sog. Clearingsstellen). Über diese Institutionen sind praktisch alle Banken zusammengeschlossen und auf diese Weise ist es der einzelnen Bank möglich, ihre aus dem unbaren Zahlungsverkehr sich ergebenden Forderungen und Verbindlichkeiten gegenüber anderen Banken mit deren Forderungen und Verbindlichkeiten zu verrechnen. — Wir verzichten darauf, die Technik zwischenbanklicher Verrechnung darzustellen. Für unsere Überlegungen ist lediglich folgendes festzuhalten: Der Giroverkehr zwischen den Banken und das aus dem unbaren Zahlungsverkehr für das Bankensystem entwickelte Abrechnungsverfahren, das sog. Clearing, vermindert den effektiven Geldbedarf der einzelnen, am Giroverkehr und am Clearing beteiligten Bank. Der Geldbedarf im unbaren Zahlungsverkehr wird

---

[8] Guthaben der Bankkunden.
[9] Deutsche Bundesbank, Großbanken, Sparkassen und Girozentralen, Genossenschaften; einschließlich Postscheckgiroverkehr.

52 D. Theoretische Erklärung der bankgeschäftlichen Kreditgewährung

für die einzelne Bank auf die Fehl- oder Spitzenbeträge reduziert, die sich aus der Abrechnung ergeben; denn nur die Spitzenbeträge muß sie mit Geld, dem gesetzlichen Zahlungsmittel, ausgleichen. Aus dieser Geld-„Ersparnis" ziehen die Banken kreditgeschäftliche Vorteile. Um das verständlich zu machen, müssen wir die wirtschaftliche und rechtliche Eigenart des unbaren Zahlungsverkehrs ausführlich erklären.

Die Geschäftsbeziehung eines Kunden zu seiner Bank und umgekehrt gründet sich in besonderem Maße auf das gegenseitige Vertrauen.

In der Präambel zu den Allgemeinen Geschäftsbedingungen (AGB) der Banken wird das ganz klar ausgedrückt:

„Das Geschäftsverhältnis zwischen Kunden und Bank ist ein Vertrauensverhältnis. Die Bank stellt ihrem Kunden ihre Geschäftseinrichtungen zur Erledigung der Aufträge zur Verfügung. Der Kunde darf sich darauf verlassen, daß die Bank seine Aufträge mit der Sorgfalt eines ordentlichen Kaufmanns erledigt und dabei das Interesse des Kunden wahrt, soweit sie dazu im Einzelfall imstande ist. Die Mannigfaltigkeit der Geschäftsvorfälle, ihre große Zahl und die Schnelligkeit, mit der sie zumeist erledigt werden müssen, machen die Aufstellung bestimmter allgemeiner Regeln erforderlich, an die sich beide Teile zu halten haben. Nur so können Kunde und Bank wissen, was unter ihnen rechtens ist. Nur so können die beiderseitigen Belange und Risiken sowie die Entgelte der Kunden und die Leistungen der Bank in angemessener Weise gegeneinander abgewogen werden[10]."

Das ist die Begründung für die „Spielregeln", denen sich die Mitglieder einer Zahlungsgemeinschaft freiwillig in gegenseitigem Vertrauen unterwerfen. Die Banken als Ring- oder Zentralstellen machen hierbei keine Ausnahme. Zahlungsgemeinschaft ist die Bankkundschaft einschließlich der Banken. Zahlungsmittel dieser Zahlungsgemeinschaft sind die Bankguthaben. Die Bankguthaben sind also das Zahlungsmittel einer privaten, auf Vertrauen fundierten Zahlungsgemeinschaft; sie sind privates Zahlungsmittel, das nur innerhalb der Zahlungsgemeinschaft zirkulationsfähig ist. Eine Besonderheit dieses Zahlungsmittels ist darin zu sehen, daß es mit der Einheit des gesetzlichen Zahlungsmittels, des Währungsgeldes, ausgestattet ist. Darin kommt unzweideutig der Anfang und das Ende dieses privaten Zahlungsmittels zum Ausdruck. Es gäbe allerdings keinen Anfang, wenn nicht der Glaube an das Ende bestünde, denn einzig und allein das Vertrauen in das geldliche Ende verleiht den Bankguthaben die Zahlungsmittelfähigkeit innerhalb der Zahlungsgemeinschaft. Wenn die-

---

[10] Fassung Juli 1955 für das private Bankgewerbe, in: Handbuch des gesamten Kreditwesens, herausgegeben von Walter Hofmann, 6. völlig neubearbeitete Aufl., Frankfurt/Main 1960, S. 629.

ses Vertrauen nicht mehr vorhanden ist, dann ist den Bankguthaben mit einem Schlag das Fundament, auf dem sie als Zahlungsmittel stehen, entzogen. Die Bankguthaben stehen und fallen mit dem Vertrauen, das in ihr geldliches Schicksal gesetzt wird.

Da die Bankguthaben existentiell an das endgültige, gesetzliche Zahlungsmittel gebunden sind, können sie nur ein vorläufiges, provisorisches Zahlungsmittel sein. Der provisorische Charakter der Bankguthaben läßt deutlich werden, daß die Bankguthaben das gesetzliche Zahlungsmittel, das Bargeld, nicht ersetzen, sondern nur zeitweise stellvertretend die Rolle des Bargeldes übernehmen und das nur innerhalb eines festgesetzten, auserwählten Kreises. Das ist der Kreis derjenigen, die am Bank-Zahlungsverkehr teilnehmen, die zu diesem Zahlungsverkehr zugelassen sind. Die Teilnahme an diesem Kreis ist freiwillig. Wer an diesem Kreis teilhaben will, muß allerdings etwas einbringen, nämlich Geld oder eine Geldforderung. Das einzelne Wirtschaftssubjekt kann auch auf Grund einer Kreditgewährung zugelassen werden. Nur innerhalb dieses Kreises sind die Bankguthaben also Zahlungsmittel, weiter reicht ihre Geltung nicht. Die Bankkonten sind die absolute Bewegungsgrenze der Bankguthaben.

Das Zahlungsmittel „Bankguthaben" existiert nur auf Bankkonten, als rechnerische Größe; es ist nicht körperlich vorhanden wie das gesetzliche Zahlungsmittel. Aber als Abkömmling des gesetzlichen Zahlungsmittels ist es innerhalb des begrenzten Zahlungsbereiches genau so wie dieses zu Zahlungen verwendbar. Das Zahlen von Konto zu Konto ist sogar für alle Beteiligten, für die Zahlungsleistenden, für die Banken und für die Zahlungsempfänger, meistens einfacher und vorteilhafter als das Zahlen mit Geld. Der organisatorische, insbesondere der wirtschaftliche Vorteil für die einzelne Bank liegt darin, daß durch diese Art der Zahlung ihre Kasse nicht beansprucht wird. Gemeint ist in diesem Fall die unbare Zahlung eines Kunden an einen Kunden derselben Bank. — Der Giroverkehr unter den Banken und das Clearing finden auf einer höheren Ebene statt, aber das Verrechnungsprinzip ist dasselbe wie das bei der Einzelbank.

Warum ist es möglich, daß Bankguthaben zu Zahlungen mit geldlicher Wirkung verwendet werden können? Bankguthaben sind Forderungen auf Geld. Der Berechtigte aus dem Bankguthaben ist Gläubiger einer Bank, er hat einen Anspruch auf Geld an die Bank in Höhe seines Guthabens. Dieses Forderungs- oder Verfügungsrecht ist übertragbar. Übertragbar ist es deshalb, weil derjenige, der es annimmt, glaubt, daß er diesen Geldanspruch jederzeit in Geld umwandeln kann. Jeder Bankkunde glaubt an die Umwandelbarkeit solcher

54 D. Theoretische Erklärung der bankgeschäftlichen Kreditgewährung

Ansprüche in Geld, denn würde er daran nicht glauben, wäre er nicht Kunde der Bank. Das Vertrauen in die jederzeitige Realisierbarkeit der geldlichen Ansprüche veranlaßt die Bankkunden, die Umwandlung nur im Bedarfsfalle von der Bank zu verlangen, also nur dann, wenn sie unbedingt Bargeld brauchen. Wir sehen, auch von der rechtlichen Seite betrachtet leiten die Bankguthaben ihre Existenz und ihre Eigenschaft Zahlungsmittel zu sein, vom Vertrauen der Bankkundschaft ab. Die Bankkundschaft ist insofern eine Vertrauensgemeinschaft, sie ist die Basis, auf der die einzelne Bank und die Gesamtheit der Banken stehen. Ohne dieses besondere Vertrauen würde es keine Banken geben. Es ist somit unverkennbar, welche Bedeutung dem Vertrauen innerhalb des bankgeschäftlichen Bereiches zukommt. Die vorher zitierte Präambel zu den Allgemeinen Geschäftsbedingungen der Banken spricht zwar nur den einzelnen Kunden an, aber sie ist als allgemeine Leitlinie gemeint, die weit über das einzelne Geschäftsverhältnis und über die einzelne Geschäftstätigkeit hinausreicht.

Vom Standpunkt der Bankkunden aus gesehen ergeben sich für die unbare Zahlung noch andere rechtliche Aspekte. Wie wir schon an früherer Stelle ausgeführt haben, ist die Bankguthabenzahlung keine endgültige Zahlung, sondern nur die Leistung eines Schuldners an Erfüllungs Statt. Das ist die herrschende Meinung der Kommentatoren[11].

Die gesetzliche Form der Zahlung *ist* demnach die Barzahlung. Eine Geldschuld kann folglich ohne besondere Vereinbarung *nur* mit barem Geld, mit dem gesetzlichen Zahlungsmittel, getilgt werden. Um die Barzahlung durch eine andere Zahlungsart zu ersetzen, ist die Zustimmung des Zahlungsempfängers erforderlich. So ist es bei der unbaren Zahlung. Der Gläubiger muß sich dem Schuldner gegenüber bereit erklären, die Überweisung oder die Einzahlung auf sein Bankkonto als Zahlung anzunehmen, denn mit der Überweisung oder der Einzahlung erhält der Gläubiger kein Geld, sondern eine Geldforderung gegen die Bank, die ihm den Betrag auf seinem Konto gutschreibt. Der Empfänger einer Gutschrift ist also nicht verpflichtet, eine Zahlung mit der Gutschrift auf seinem Konto als erfüllt anzusehen. Die Zahlung ist erst dann erfüllt, wenn der Gläubiger sein Einverständnis dazu gegeben hat. In welcher Form das Einverständnis geschehen kann, soll uns nicht weiter interessieren. Sicherlich ist der Hinweis auf eine Bankverbindung im Geschäftsverkehr als Einverständnis zu werten. Im übrigen verweisen wir auf die Literatur[12]. — Die Bankguthabenzahlung ist also grundsätzlich eine provisorische Zahlung, die zur defi-

---

[11] Schlegelberger, Handelsgesetzbuch, Berlin 1956, Anhang zu § 365 HGB, Anm. 40.
[12] Schinnerer, Erich, Bankverträge I. Teil, Wien 1957, S. 76 ff.; Schlegelberger, a.a.O., S. 1521 ff. (mit ausführlichem Literaturverzeichnis).

nitiven Zahlung werden kann, nämlich durch das vorherige oder nachträgliche Einverständnis des Zahlungsempfängers. Der provisorische Charakter der Bankguthabenzahlung weist deutlich darauf hin, daß der unbare Zahlungsverkehr der Banken schuldrechtlich aufgebaut ist.

Vom juristischen Standpunkt aus betrachtet, ist die unbare Zahlung eindeutig ein Schuldnerwechsel, der mit allen schuldrechtlichen Konsequenzen verbunden ist.

Der von den Banken organisierte unbare Zahlungsverkehr ist nicht der einzige seiner Art. Einen unbaren Zahlungsverkehr gibt es z. B. auch bei Skatbrüdern, in den Spielkasinos und innerhalb der Konzerne[13]. Die Mitglieder solcher privaten Zahlungsgemeinschaften können unter sich ebenso Forderungen und Verbindlichkeiten miteinander verrechnen, den Mitgliederkonten Beträge gutschreiben und belasten, ohne daß effektives Geld fließt. Wenn beispielsweise Kartenspieler nicht nach jedem Spiel, sondern erst am Ende aller Spiele abrechnen, dann verfolgen sie genau dasselbe Verrechnungsprinzip wie die Banken bzw. die Bankzahlungsgemeinschaft. Denn auch bei diesen Zahlungsgemeinschaften kommt der Zeitpunkt, wo das private Zahlungsmittel (die Spielbeträge, die Jetons usw.) in das gesetzliche Zahlungsmittel ausmünden muß, weil nämlich diese privaten Zahlungsmittel genau so wie die Bankguthaben auf dem Bargeld fundiert sind. Es gibt sicherlich keinen Skatspieler und keinen Roulettespieler, der, abgesehen von der Spielleidenschaft, das Spiel fortsetzen oder gar beginnen würde, ohne das Vertrauen, daß seine Mitspieler bzw. die Spielbank die Gewinne nach Spielende ausbezahlen können. Der Unterschied zwischen diesen privaten Zahlungsgemeinschaften und der Bankzahlungsgemeinschaft liegt ausschließlich im Charakter (Zusammensetzung und Zahl der Mitglieder, Dauer der Zahlungsgemeinschaft und anderes) der Zahlungsgemeinschaft. Die Zahlung und die Art der Verrechnung sind im Prinzip dieselben.

Wir sind jetzt so weit, daß wir das Ergebnis unserer Überlegungen zusammenfassen und mit einem neuen Gedanken verbinden können. Es geht uns darum, eine abschließende Antwort auf die Frage nach dem bankwirtschaftlichen Sinn und Zweck des unbaren Zahlungsverkehrs zu geben.

Der unbare Zahlungsverkehr der Banken wickelt sich in der Weise ab, daß Bankguthaben, Forderungen auf Geld, von Konto zu Konto übertragen werden. In diesem unbaren Verkehr wird zwar auch gezahlt. Im Gegensatz zum Barzahlungsverkehr zirkuliert hier jedoch das Geld nicht nach dem Prinzip des Händewechsels, sondern nur die Forderung auf das konkret vorhandene Geld wird übertragen. Diese

---

[13] Wir erinnern in diesem Zusammenhang an die privaten Zahlungsgemeinschaften in der Schweiz, die wir an früherer Stelle zitiert haben.

Zahlungsart verringert den Bargeldbedarf der Banken. Das ist die Wirkung des unbaren Zahlungsverkehrs.

Die eben in Aussicht gestellte Antwort läßt sich nun ganz einfach aus dieser Wirkung ableiten:

Mit der unbaren Zahlung verfolgen die Banken eine kreditlenkende bzw. eine krediterhaltende Absicht. Sie wollen erstens, daß der Zahlungsempfänger die Kreditgewährung des bisherigen Guthabenbesitzers (des Zahlungsleistenden) an die Bank fortsetzt; zweitens wollen sie, daß ihre Kreditgewährung an den Zahlungsleistenden (Zahlung aus einem Kreditguthaben) mit einer neuen Kreditgewährung des Zahlungsempfängers an die Bank, die zuvor den Kredit gewährt hat, kompensiert wird. Die Fortsetzung der Kreditgewährung und die neue Kreditgewährung werden dadurch erreicht, daß der Zahlungsempfänger seine Geldforderung sich auf seinem Konto gutschreiben läßt, also nicht bar abfordert. Die Kreditgewährung an die Bank setzt sich so lange fort und bleibt so lange bestehen, bis einer der Konteninhaber sein Guthaben durch eine Barabhebung auflöst. Der Sinn und Zweck der unbaren Zahlung ist somit — von der Bank her gesehen — der, die Fortsetzung der einzelnen Kreditgewährungen ihrer Kunden zu begünstigen, neue Kreditgewährungen zu fördern, die Kreditketten zu verlängern und neue Kreditketten einzuleiten. Der Bargeldbedarf der Banken verringert sich entsprechend der Länge der Kreditketten (Kreditorenketten) und ermöglicht damit den Leihgeldverkauf der Banken. Denn die Banken könnten keine Kreditgewährungen vornehmen, wollten alle Bankkunden sämtliche Zahlungen in bar leisten. Die Banken könnten das Bargeld gar nicht oder nur zu einem ganz geringen Teil, der sich aus einem ständig vorhandenen Bodensatz ergeben würde, ausleihen. — Darin liegt der Sinn und Zweck des unbaren Zahlungsverkehrs.

II. Die Entstehung der Bankguthaben und die Herkunft der im Kredit weitergegebenen Mittel

Die Banken erhalten in ihrem Passivgeschäft u. a. kurzfristige Gelder. Von den Geldgebern her gesehen handelt es sich hierbei überwiegend um kurzfristige Kassenüberschüsse und Reserven. Nach unserer Darstellung im letzten Abschnitt können diese Gelder der empfangenden Bank auf zweierlei Weise zugehen: entweder durch eine Bareinzahlung oder durch unbare Zahlung (Überweisung, Scheck usw.). Im ersten Fall (Bareinzahlung) erhält die Bank vom Einzahler bares Geld in ihre Kasse. Mit der Einzahlung entsteht für die Bank eine geldliche Verbindlichkeit, die für den Einzahler (oder für den vom Einzahler Begünstigten) ein Bankguthaben darstellt. Das ist die ursprüngliche, primäre Form der Bankguthabenentstehung. Die zweite genannte Möglichkeit ist von der ersten abgeleitet. Sie setzt voraus, daß bei einer zweiten Bank ein Bankguthaben bereits vorhanden ist, aus dem gezahlt werden kann. Die Empfängerbank erhält den Überweisungs- oder Scheckbetrag zu Gunsten ihres Kunden von der überweisenden bzw. bezogenen Bank[14]; ihre Kasse und ihre Verbindlichkeiten nehmen um diesen Betrag zu. Für den Begünstigten ist gleichzeitig ein Bankguthaben entstanden. Es ist unmittelbar verständlich, daß es sich hier nicht um ein für das Bankensystem neues Bankguthaben handelt. An der Summe der Bankguthaben im Gesamtsystem hat sich nichts geändert. Noch einfacher zeigt sich der Sachverhalt, wenn wir von einer Bankguthabenzahlung innerhalb derselben Bank ausgehen. In diesem Fall wird lediglich ein bestehendes Bankguthaben in zwei Teile zerlegt.

Das Fazit aus dieser Überlegung ist damit folgendes: Bankguthaben entstehen nur aus Bareinzahlungen. Die Umkehrung dieses Schlusses muß dann heißen, Bankguthaben werden nur durch Barauszahlungen aufgelöst. — Diese beiden Sätze gelten, wohl gemerkt, nicht für die Einzelbank, sondern für die Gesamtheit der Banken. — Diejenigen Bankguthaben, die bei einer Einzelbank auf Grund eines unbaren Zahlungsvorganges entstehen, sind aus Bareinzahlungen abgeleitete Bankguthaben.

Bis hierher können keine Zweifel auftauchen, denn wir haben Kreditvorgänge nicht berücksichtigt. Wenn wir diese Vorgänge miteinbeziehen, stoßen wir unausweichlich auf die Gretchenfrage, die von der orthodoxen Kredittheorie einerseits und der Kreditschöpfungstheorie andererseits so verschieden beantwortet wird: Woher stammen die Mittel, die die Banken ihren Kreditnehmern zur Verfügung stellen? Wir müssen deshalb die vollständige Antwort auf die Frage nach der Entstehung der Bankguthaben vorläufig zurückstellen und uns zunächst der Frage nach der Herkunft dieser Mittel zuwenden, weil die Antwort auf das Woher ausschlaggebend ist für das Wie der Entstehung der Bankguthaben. Unsere bisherige Aussage, daß die Bankguthaben nur durch eine Bareinzahlung entstehen können, steht und fällt damit, welcher Quelle oder welchen Quellen diese Mittel entspringen. Die Bareinzahlung würde sich dann als ausschließliche und primäre Entstehungsursache erweisen, wenn die von den Banken im Wege des Kredits für die Kreditnehmer bereitgestellten und von diesen in Anspruch genommenen Zahlungsmittel ausnahmslos[15] aus dem Einlagengeschäft stammen.

---

[14] Die Verrechnungsmöglichkeit schließen wir aus methodischen Gründen aus.
[15] Von eigenen Mitteln der Bank abgesehen.

D. Theoretische Erklärung der bankgeschäftlichen Kreditgewährung

Im letzten Abschnitt haben wir ausführlich auf die Abhängigkeit des Zahlungsmittels Bankguthaben vom gesetzlichen Zahlungsmittel hingewiesen und dabei erklärt, daß die Bankguthabenzahlung die organisatorische Fortsetzung der Bargeldzahlung sei. Diese Abhängigkeit wird nun aber durch die Zahlungen aus einem sog. Kreditguthaben („eingeräumter Kredit") nicht etwa zerstört, sondern sie bleibt unbeschadet bestehen. Um diese Behauptung zu begründen, genügt es nicht, auf frühere Ausführungen zu verweisen. Wir gehen einen Schritt weiter, indem wir ein bislang fast völlig vernachlässigtes, aber höchst bedeutsames kreditwirtschaftliches Phänomen unseren Überlegungen voranstellen. Es geht um folgendes: Innerhalb eines begrenzten Zeitabschnittes *kann* ein konkret vorhandener Geldbetrag nacheinander sowohl die Entstehung mehrerer Bankguthaben bewirken, als auch verschiedene Warenbewegungen begleiten.

Um diesen Vorgang zu erklären, wiederholen wir bereits bekannte Zusammenhänge:

Eine Bank gewährt dem Produzenten I Kredit auf Grund eines Kassenüberschusses. Der Produzent I verlangt von der kreditgebenden Bank Bargeld und kauft damit Rohstoffe oder Dienstleistungen (Löhne). Der Verkäufer der Rohstoffe oder die Einzelhändler, denen die Lohngelder zugeflossen sind, überlassen das bar empfangene Geld ihrer Bank. Wir nehmen an, es handle sich um die gleiche Bank, die den Produzenten I kreditiert hat. Das kreditierte Geld ist also wieder zur Bank zurückgeflossen und hat dort neue Bankguthaben zu Gunsten des Rohstofflieferanten oder der Einzelhändler entstehen lassen. Die Bank, die nun wiederum im Besitze eines Kassenüberschusses ist, leiht diesen an den Produzenten II aus, der in gleicher Weise wie der Produzent I das kreditär überlassene Geld verwendet. Dieser Prozeß kann sich unter bestimmten Voraussetzungen beliebig lange fortsetzen, jedes Mal führt er zu neuen Bankguthaben und begleitet die entsprechenden Warenbewegungen. In dieser vereinfachten Konstruktion setzt er zweierlei voraus: Erstens, die neuen Guthabenbesitzer lassen ausnahmslos ihr Guthaben bei der Bank stehen, d. h. sie kreditieren die Bank bis auf weiteres; zweitens, die Bank erhält den ausgeliehenen Kassenüberschuß jedes Mal in voller Höhe zurück und kann diesen ohne zusätzliche Reserve-Erfordernisse in ganzer Höhe wiederholt ausleihen.

Dieses Beispiel läßt sich noch modifizieren. Die aufgezeigte Tendenz wird davon allerdings nicht berührt[16]. Zur Stütze unserer Aussagen halten wir es jedoch für erforderlich, zwei veränderte Bedin-

---

[16] Wir verweisen im übrigen auf unsere Ausführungen im Abschnitt „Der Zahlungsverkehr".

II. Die Entstehung der Bankguthaben

gungen in die Überlegungen mit einzubeziehen: zum ersten die unbare Verfügung über den eingeräumten Kredit und zum zweiten die Beteiligung zweier oder mehrerer Banken. — Zunächst beteiligen wir, wie im ersten Beispiel, nur *eine* Bank und ersetzen lediglich die bare durch eine unbare Verfügung. Die neuen Einlagen entstehen unter den jetzigen Voraussetzungen nicht mehr durch eine Bareinzahlung, sondern durch schriftliche Übertragung. Sämtliche Kreditnehmer haben also auf die Barzahlung verzichtet. Der Kassenbestand bzw. der Kassenüberschuß ist unverändert und unberührt geblieben. Unter der Annahme, daß die Bank jedes Mal auf Grund des Kassenüberschusses Kredit gewährt, aber weder für die neu entstehenden Bankguthaben, noch für die Kreditgewährung Bargeld benötigt, ist diesem Prozeßverlauf kein Ende gesetzt. — Wenn wir die zweite Bedingung einfügen, nämlich die Beteiligung zweier oder mehrerer Banken, dann zeigt sich folgendes: Der Kreditnehmer der Bank I zahlt an seinen Gläubiger, der Kunde der Bank II ist. Gleichgültig, ob der Kreditnehmer bar oder unbar den gewährten Kredit in Anspruch nimmt, in jedem Fall verliert die kreditgebende Bank ihren Kassenüberschuß. Hat die kreditierende Bank jedoch eine gleich hohe Gegenforderung an die Bank II, dann wird nicht der Gläubiger des Kreditnehmers neuer Gläubiger der Bank I, sondern ein Gläubiger aus einem anderen, fremden Kreditgeschäft. Anders gesagt: Die Kreditakte der Bank I und Bank II durchkreuzen sich; zwischen den beteiligten Banken findet ein Gläubigertausch statt. Beiden Banken bleibt der Kassenüberschuß erhalten. Unter der Annahme, daß Forderungen und Gegenforderungen der beteiligten Banken sich stets ausgleichen, ist auch dieser Prozeß beliebig lange fortsetzbar[17].

Die skizzierten Vorgänge bringen im Grunde genommen nichts Neues[18]. Zunächst bestätigen sie jedoch unsere Aussage, daß ein konkret vorhandener Geldbetrag nacheinander die Entstehung neuer Bankguthaben bewirken und zur Bezahlung verschiedener Waren- und Dienstleistungsumsätze dienen kann[19]. Der kredittheoretische Ansatzpunkt für diese Erscheinung ist nun nicht in der Wirkung solcher Vorgänge zu finden, sondern ausschließlich in deren Ursache. Die Ursache für das Zustandekommen eines neuen Bankguthabens

---

[17] In der Kreditschöpfungstheorie wird dieser Prozeßablauf als Gleichschritt bezeichnet.
[18] Vgl. die in der Kreditschöpfungstheorie dargebotenen Beispiele.
[19] Vgl. dazu Marx, Karl, Das Kapital. Kritik der politischen Ökonomie. Herausgegeben von Friedrich Engels, Berlin 1951, 3. Bd., S. 516 und S. 566; Bouniatian, Mentor, Die vermeintlichen Kreditkreierungen und Konjunkturschwankungen, in: Jahrbücher für Nationalökonomie und Statistik, Bd. 136, 1932, S. 342; Dobretsberger, Josef, a.a.O., S. 44 ff.; Hellwig, Hans, a.a.O, S. 356 f.

oder mehrerer neuer Bankguthaben in der beschriebenen Weise ist der Verzicht auf bares Geld aller beteiligten Gläubiger, die von ihren Schuldnern aus Kreditguthaben bezahlt werden. Weder die kreditgebenden Banken noch deren Kreditnehmer entscheiden darüber, welche Zahlungsweise die Gläubiger von ihren Schuldnern (den Kreditnehmern) fordern bzw. wie die Gläubiger über die aus Kreditguthaben gutgeschriebenen Beträge verfügen. Der Eintritt der genannten Wirkungen hängt also gänzlich von dem Verhalten der Gläubiger ab. Sie treten dann ein, wenn die Gläubiger an Stelle der Barzahlung eine Gutschrift auf ihrem Bankkonto akzeptieren oder das empfangene Bargeld bei ihrer Bank einzahlen. In allen diesen Fällen werden die bisherigen Gläubiger der Kreditnehmer zu Gläubigern derjenigen Banken, die ihnen die Beträge gutgeschrieben haben. Damit sind neue Bankguthaben entstanden, die im gesamten Bankensystem solange bestehen bleiben, solange sie nicht durch eine Barauszahlung aufgelöst oder mit einem debitorischen Konto verrechnet werden, d. h. die Gutschriftsempfänger müssen entweder bereits Gläubiger einer Bank sein oder sie müssen neue Gläubiger einer Bank werden. Die in diesen Fällen möglichen Saldenveränderungen und Saldenbeziehungen haben wir im Abschnitt Zahlungsverkehr ausführlich dargestellt. Sie sind allerdings nicht der ausschlaggebende Gesichtspunkt. An erster Stelle steht die Einsicht, daß das Entstehen neuer Bankguthaben aus Kreditgewährungen die freiwillige Kreditierung der Banken durch neue Gläubiger voraussetzt. Ohne diese *grundsätzliche* Voraussetzung geht es nicht. Sie ist deshalb grundsätzlicher Art, weil sie unwiderlegbar den Grundsatz der orthodoxen Kredittheorie bestätigt, der besagt, daß keine Bank mehr Kredit geben könne, als sie selbst empfangen habe. Jede Kreditgewährung einer Bank verlangt bedingungslos, daß sie ihrerseits kreditiert wird. Es gibt keine einseitigen Kreditaktionen einer Bank, die aus dem voraussetzungslosen Nichts zustande kommen.

Bei der Einzelbank müssen wir zwei Möglichkeiten auseinanderhalten. Die Kredite, die eine Einzelbank gewährt, greifen entweder nach Bargeld oder sie erfordern ein Stillhalten, eine Kreditgewährung eines Dritten. Diejenige Kreditgewährung, die bei der Bank einen Bargeldabfluß auslöst, setzt voraus, daß die kreditgewährende Bank das Geld vorher erhalten hat, also in Form einer Bareinlage kreditiert wurde. Die zweite Möglichkeit besteht darin, daß die kreditgewährende Bank lediglich eine Übertragung von Konto zu Konto vornimmt. Der Kreditnehmer wird auf seinem Kreditkonto belastet, der Gläubiger des Kreditnehmers, der zugleich Kunde der kreditgewährenden Bank sein muß, erhält auf seinem Konto eine Gutschrift. Eine Kreditgewährung, die ohne Bewegung von Bargeld auskommt, erfordert also die Kreditierung der Bank durch denjenigen, der aus dem Kreditguthaben des Kreditnehmers bezahlt wird[20]. Im Bankensystem gelten die gleichen Bedingungen. Die kreditgewährende Bank verliert an die Empfängerbank Bargeld. Das bedeutet also, daß die Bank des Kreditnehmers das Geld zuvor von ihren Einlegern erhalten haben muß. — Daraus ergeben sich ganz klare Folgerungen. Die Mittel, die die Banken für ihre Kreditgewährungen benötigen, stammen ausnahmslos von den Einlegern, von ihren Gläubigern, den Kreditoren der Banken. In einem Fall ist es das Bargeld, das die Einleger zur Verfügung gestellt haben und auf dessen Verwendung sie zeitweilig verzichten, im anderen Falle ist es ein Anspruch auf Geld, mit dem die Bank kreditiert wird. Diese Kreditgewährung ist Grundlage und Voraussetzung für diejenige Kreditgewährung, die von der Bank ausgeht. Nicht die Bank, sondern der neue Gläubiger schafft also die Mittel, die die Kreditgewährung der Bank in den Fällen verlangt, in denen kein Bargeldentzug bei der Bank eintritt. Die Bank tritt auf diese Weise in ein bereits bestehendes Kreditverhältnis ein, indem sie die Schuld ihres Kreditnehmers gegenüber dessen Gläubiger ablöst, diesen Gläubiger als ihren Gläubiger anerkennt. Sie selbst wird durch die Schuldablösung Gläubiger des bisherigen Schuldners (Kreditnehmers). Für den Kreditnehmer ändert sich per Saldo nichts. Er vertauscht — aus wirtschaftlichen Gründen — seinen Gläubiger (Lieferanten) mit der Bank als neuen Gläubiger.

Die bisherigen Überlegungen führen zu dem Ergebnis, daß alle Mittel, die eine Bank für ihr aktives Kreditgeschäft benötigt, aus dem passiven Kreditgeschäft kommen, daß es also keine eigenmächtige Mittelschaffung der Kreditbanken gibt. Für diejenigen Kreditgewährungen, die bei den Banken einen Bargeldentzug zur Folge haben, wird das nicht bestritten. Bestritten wird das jedoch für solche Kreditvorgänge, bei denen kein Bargeldbedarf entsteht. Erklärbar ist dieses Urteil nur damit, daß der Kreditierung, die der kreditgebenden Bank durch den neuen Gläubiger zuteil wird, entweder die Rolle einer sekundären, nachgeordneten Erscheinung beigemessen oder daß sie völlig vernachlässigt wird. Das bedeutet aber nicht mehr und nicht minder die Preisgabe einer elementaren Kausalbeziehung. Auch in dem umstrittenen Fall ist eine kausale Beziehung vorhanden. — Später werden wir noch einmal darauf zurückkommen.

Die endgültige Antwort auf die Frage nach der Entstehung der Bankguthaben hatten wir zurückgestellt; sie steht noch aus. Unsere jüngsten Ausführungen haben ergeben, daß nicht nur Bareinzahlungen

---

[20] In den Fällen, in denen der Gutschriftsempfänger (Gläubiger des Kreditnehmers) ebenfalls Debitor der kreditgebenden Bank ist, tritt lediglich eine Umschichtung unter den Debitoren der Bank ein.

zur Entstehung von Bankguthaben führen können. Bankguthaben können auch auf Grund solcher Zahlungen entstehen, die aus einem sog. Kreditguthaben geleistet werden. Derartige Zahlungen schließen allerdings die Form der Bareinzahlung nicht aus. Wir müssen daher überprüfen, ob es sich hier um eine neue Entstehungsart handelt oder nicht. — Mit jeder Kreditgewährung, die eine Bank vornimmt, setzt sie einen Teil ihrer Mittel dem freien Verfügungswillen des jeweiligen Kreditnehmers aus, d. h. der Kreditnehmer kann entweder Bargeld fordern oder die Bank zur schriftlichen Übertragung beauftragen. Kommt es zu einer Barauszahlung an den Kreditnehmer, dann kann dieses Geld entweder im Verkehr bleiben, also dem Bankenbereich dauernd oder auf Zeit entzogen sein, oder es kann über die Empfänger wieder den Banken zufließen. Vorgänge der zuletzt genannten Art führen unter bestimmten Bedingungen bekanntlich zu neuen Bankguthaben. Die Übertragung auf schriftlichem Wege von Bank zu Bank entzieht der kreditgebenden Bank, wenn wir die Verrechnungsmöglichkeit ausschließen, ebenfalls Bargeld, das bei der Empfängerbank zur Entstehung eines Bankguthabens führen kann. Nur die Übertragung innerhalb der ausführenden Bank kommt ohne die Bewegung baren Geldes aus. Die Wirkung ist hier dieselbe, wie wenn Bargeld an den Kreditnehmer ausgezahlt wird, dieser damit seinen Gläubiger bezahlt und das Geld vom Gläubiger wiederum bei der gleichen Bank eingezahlt wird. Mit der Übertragung von Konto zu Konto werden also drei Zahlungsvorgänge mit Bargeld auf einen Zahlungsvorgang reduziert, der zwar das Vorhandensein des Bargeldes nicht überflüssig macht, aber dessen körperliche Bewegung verhindert. Die Überschreibung des geldlichen Anspruches geschieht stellvertretend für das Geld, das in der Kasse der kreditgewährenden Bank liegenbleibt.

Ohne den Dingen Gewalt anzutun, gelangen wir zu folgendem Schluß: Diejenigen Zahlungsvorgänge, die eine Kreditgewährung auslösen können, sind entweder Barzahlungen oder solche Zahlungen, die stellvertretend für eine Barzahlung geleistet werden. Jedes Bankguthaben, das aus einer Kreditgewährung hervorgeht, verdankt folglich seine Existenz dem Bargeld in den Bankkassen. Unbare Zahlungen, die an Stelle einer Barzahlung geleistet werden, wären nicht möglich, wenn hinter ihnen nicht das Bargeld stände. In letzter Konsequenz entstehen daher alle Bankguthaben durch eine Barzahlung. Der optische Eindruck widerspricht zwar diesem Urteil. Dieser Widerspruch ist aber theoretisch bedeutungslos.

Wir sind von der Frage ausgegangen, ob es sich bei der Entstehung der Bankguthaben aus Kreditgewährung um eine neue Entstehungsart handle. Banktechnisch beurteilt, müßte diese Frage bejaht werden, denn durch die Kreditgewährung einer Bank erhält weder die einzelne Bank noch das gesamte Bankensystem neues, zusätzliches Bargeld. Das ist aber nicht der entscheidende Gesichtspunkt. Entscheidend ist, daß der neue Gläubiger irgendeine Bank innerhalb des Bankensystem mit dem Geld kreditiert, das der Kreditnehmer seiner kreditgebenden Bank entnommen hat. Unbare Vorgänge[21] haben in diesem Zusammenhang lediglich die Bedeutung einer Verkürzung der Zahlungswege; sie sind, wie wir schon früher ausgeführt haben, nur eine organisatorische Fortsetzung der Barzahlung. Diejenige Bank, bei der das neue Guthaben entsteht, erhält bzw. behält damit das Geld, das sonst für die Dauer der Kreditgewährung dem Bankensystem entzogen gewesen wäre. Das Guthaben selbst unterscheidet sich in nichts von den Guthaben, bei deren Entstehung ein unmittelbarer Zusammenhang mit einer Kreditgewährung nicht nachzuweisen ist Jedes Bankguthaben ist — ohne Unterschied — eine Geldforderung gegen eine Bank, ein Anspruch auf bares Geld, der durch eine Kreditgewährung des jeweiligen Bankgläubigers begründet worden ist. Aus dieser Perspektive gesehen, gibt es weder unterschiedliche Entstehungsarten für die Bankguthaben noch Bankguthaben verschiedenartigen Inhalts.

Nicht nur am Anfang, sondern auch am Ende der Bankguthaben steht das Bargeld, denn als geldliche Ansprüche sind die Bankguthaben, wie jede andere Geldforderung, nur Provisorium. Das Provisorium Bankguthaben ist zwar zeitweilig an Stelle des Bargeldes zirkulationsfähig, aber als Provisorium ist es mit der Tendenz ausgestattet, irgendwann einmal die definitive Form wieder anzunehmen. Dieser rückläufige Vorgang in die ursprüngliche Form ist den gleichen Bedingungen unterworfen, unter denen Guthaben entstehen. Das ergibt sich zwangsläufig aus der logischen Struktur der Zusammenhänge. Es kann daher nur folgenden Umkehrschluß geben: Die Guthabenauflösung vollzieht sich analog der Guthabenentstehung in entgegengesetzter Richtung.

III. Die ökonomische Struktur der Kreditsequenzen

Im vorangegangenen Abschnitt haben wir festgestellt, daß mittels einer bestimmten Bargeldsumme, die bei irgendeiner Bank als Kassenüberschuß vorhanden ist, ein Vielfaches davon an Bankguthaben entstehen kann — entweder bei ein und derselben Bank oder bei mehreren Banken. Eine derartige Vervielfachung setzt voraus, daß die von den Banken im Rahmen ihres passiven Geschäftes empfangenen

---

[21] Übertragungen innerhalb einer Bank und Verrechnungsvorgänge zwischen zwei und mehr Banken.

64 D. Theoretische Erklärung der bankgeschäftlichen Kreditgewährung

Gelder einer nicht-geldlichen Anlage zugeführt werden, d. h. das Bargeld muß ausgegeben werden, um in einem nachfolgenden Akt entweder in die Kasse derjenigen Bank, die das Geld ausgegeben hat, zurückzukehren[22] oder bei einer zweiten Bank eingezahlt zu werden. Die bei den Banken vorherrschende Art der geldlichen Anlage findet durch Kreditgewährung statt. Würden die Banken das empfangene Geld nicht anlegen, sondern nur aufbewahren und den Zahlungsverkehr für ihre Kunden durchführen, dann könnte die Summe sämtlicher Bankguthaben niemals die Summe des Bargeldumlaufs übersteigen. Das Maximum an Bankguthaben wäre erreicht, wenn das gesamte, von der Zentralbank ausgegebene Geld sich in den Kassen der Banken befinden würde. Diese Begrenzung wird durch die Anlage der Gelder, vorwiegend durch die Kreditgewährung, aufgehoben. Die Kreditgewährung der Banken erhöht die Umsatzhäufigkeit des vorhandenen Bargeldes. Während die geldlichen Verfügungsrechte der Einleger, die Bankguthaben, bestehen bleiben, gelangt das von den Einlegern gebrachte Geld in die Hände der Kreditnehmer und von diesen wiederum an Dritte, die es zur Einzahlung auf ein Guthabenkonto verwenden. Durch die kreditäre Ausnutzung des überschüssigen Bargeldes können also insgesamt mehr Bankguthaben entstehen als Bargeld insgesamt vorhanden ist. — In umgekehrter Richtung genügt eine bestimmte Bargeldsumme, um ein Vielfaches davon an Bankguthaben aufzulösen.

Vom banktechnischen Standpunkt aus betrachtet, werfen diese komplementären Sequenzerscheinungen keine neuen Fragen auf. Sie lassen sich auf analytischem Wege wieder in partielle Vorgänge zerlegen. Im Ergebnis würde eine solche Analyse lediglich saldenmechanische Größenbeziehungen aufzeigen können — mehr nicht. Die banktechnische Betrachtungsweise sieht nur das äußere Geschehen, den technischen Ablauf; und das ist nicht ausreichend. Es ist vielmehr wesentlich, die ökonomische Struktur, die sich hinter den Kreditsequenzen verbirgt, zu erkennen und zu erfahren, weshalb solche Kreditsequenzen überhaupt möglich sind.

Wenn wir dieser Überlegung folgen, dann müssen wir zunächst nach den Voraussetzungen suchen, die dazu geführt haben, daß die Banken einen großen Teil der wirtschaftlichen Kreditbeziehungen (Gläubiger und Schuldner) bei sich konzentrieren und organisieren konnten. Etwas ausweichend formuliert lautet die Frage: Weshalb ist es den Banken — genauer gesagt — der Einzelbank möglich, die jederzeit abrufbaren Gelder ihrer Kunden im Wege des Kredits zu verleihen, ohne dadurch ihre Zahlungsfähigkeit zu gefährden? Würden wir den

---

[22] Die Ausgabe und die nachfolgende Einnahme können innerhalb einer Bank durch einfache Übertragung ersetzt werden.

III. Die ökonomische Struktur der Kreditsequenzen

nahezu einmütigen Auffassungen in der Literatur folgen, dann wären es drei zusammenwirkende Ursachen, die dazu beitragen, daß bei den Banken im Regelfall ein dauernder Kassenüberschuß entsteht, der zur Kreditgewährung verwendet werden kann. Erstens: Die Konzentration der Kassenführung für die Bankkunden läßt das Gesetz der großen Zahl zur Geltung kommen; d. h. die Bankkasse wird nicht gleichzeitig von allen Bankkunden in Anspruch genommen. Zweitens: Bei der Durchführung des Kassendienstes ergeben sich Kompensationsmöglichkeiten zwischen Einnahmen und Ausgaben. Drittens: Die unbare Zahlungsabwicklung entlastet die Bankkasse. Es handelt sich bei den drei genannten „Ursachen" zweifellos um Erscheinungen, die mit der Geschäftstätigkeit der Banken etwas zu tun haben. Nur eines sind sie nicht, sie sind nicht Ursachen, sondern Wirkungen einer übergeordneten Ursache, die nicht im Zahlungstechnischen verankert ist. Die Entstehung von Kassenüberschüssen und die Möglichkeit, diese auszuleihen, beruht nicht auf dem Gesetz der großen Zahl usw.; sie beruht vielmehr auf der inneren „Verknüpfung der realen Geschäfte, kraft welcher eine Geldausgabe des einen direkt und indirekt eine entsprechende Geldeinnahme des anderen bewirkt"[23]. Diese innere Verknüpfung der Geschäfte ist ausschließlich Ursache der Kassenkonzentration, der Kompensationsmöglichkeiten, der unbaren Zahlungsabwicklung und der sich daraus ergebenden zur Kreditgewährung freiwerdenden Überschüsse. Mit dieser Ursache haben wir gleichzeitig auch den Grund gefunden, der die Banken in die Lage versetzt hat, Teilrechnungen der Gläubiger und Schuldner aus der Wirtschaft bei sich zu konzentrieren und zu organisieren. Die Verzahnung der „realen Geschäfte" und die damit verbundenen Geldtransaktionen folgen primär nicht aus der Bankentätigkeit, denn die wirtschaftliche Verflechtung der Nicht-Banken ist kein bankgeschäftliches Derivat, sondern umgekehrt, die verbundene Wirtschaft bringt die Voraussetzungen zur bankwirtschaftlichen Kassenkonzentration, zur Kompensation und zur unbaren Zahlungsabwicklung mit. Es sind also die Wirtschaftsteilnehmer außerhalb der Bankspähre, die durch ihre Konstellation den Banken zwangsläufig organisatorische Möglichkeiten in die Hände spielen und die den bereits genannten Effekt zur Folge

---

[23] Wicksell, Knut, Geldzins und Güterpreise. Eine Studie über die den Tauschwert des Geldes bestimmenden Ursachen, Jena 1898, S. 59. Vgl. dazu auch Marx, Karl, a.a.O., S. 436 ff., S. 483 ff., S. 507 ff., S. 565 ff.; Polak, N. J., Grundzüge der Finanzierung mit Rücksicht auf die Kreditdauer, Betriebs- und finanzwirtschaftliche Forschungen, II. Serie, Heft 25, 1926, S. 17 ff. und S. 42 ff.; Reisch, Richard, Die Deposit-Legende in der Banktheorie, in: Zeitschrift für Nationalökonomie, Bd. 1, 1930, S. 516 ff.; derselbe, Die neue Geld- und Kreditpolitik, in: Zeitschrift für Nationalökonomie, Bd. 8, 1937, S. 431 f.; Wagner, Valentin F., a.a.O., S. 203 ff. („Positive Theorie der Giraldepositen"); Hellwig, Hans, a.a.O., S. 55 ff. und S. 59 ff.

haben, d. h. die Banken können die freigesetzten Kassenüberschüsse ausleihen, ohne dadurch ihre Zahlungsfähigkeit zu gefährden.

Damit ist der angesprochene Zusammenhang aber noch nicht zu Ende gedacht. Die Kreditnehmer der Banken sind genau so wie die Kreditgeber Teile der verbundenen Wirtschaft und die Verknüpfung der Geschäfte besteht unabhängig davon, ob die einzelnen Produzenten und Händler als Kreditgeber oder Kreditnehmer bei den Banken auftreten[24]. Es ist nun wiederum die Verknüpfung der einzelnen Geschäfte, die dazu führt, daß auch die Zahlungsvorgänge der Kreditnehmer bei den Banken nicht in voller Höhe die für die Kreditgewährung bereitgestellten Kassenüberschüsse — bezogen auf den einzelnen Kreditnehmer und den jeweiligen Kreditbetrag — beanspruchen. Denn die Zahlungen der Kreditnehmer werden ebenfalls zu einem großen Teil unbar abgewickelt oder ermöglichen eine Kompensation mit anderen gegenläufigen Zahlungen. Die Verknüpfung der Geschäfte wirkt sich also sogar noch bei der Kreditgewährung für die Banken günstig in dem Sinne aus, daß der vorhandene Kassenüberschuß genügt, um eine Kreditnachfrage zu befriedigen, die über den Betrag des Kassenüberschusses hinausgeht.

Wir haben bisher ausgeführt und festgestellt, daß sich durch die Verknüpfung der einzelnen Geschäfte die Zahlungsvorgänge für Kreditgeber und Kreditnehmer bei den Banken verdichten. Was sich hier abspielt, folgt aus der wirtschaftlichen Verflechtung und nicht etwa deshalb, weil es die Banken so wollen. Die Banken haben nur die Organisationsformen für den Geld- und Kreditverkehr angenommen, die einerseits den Bedürfnissen und Zweckvorstellungen der übrigen Wirtschaftsteilnehmer entsprechen und die andererseits zugleich ihren eigenen geschäftlichen Interessen förderlich sind. Mit anderen Worten, die Banken bieten Marktleistungen, die der wirtschaftlichen Verflechtung angepaßt sind. Diese Anpassung hat keinen Selbstzweck, sondern dient ausschließlich den verschiedenen geschäftspolitischen Absichten, die mit einem erweiterten Kreditgewährungsspielraum verfolgt werden. Gerade deshalb, weil die Banken sich angepaßt haben, war es ihnen möglich, die für sie wichtigste Gruppe der Wirtschaftsteilnehmer, nämlich die Produzenten von Gütern und Diensten, bei sich zu konzentrieren und für diese Konto zu führen.

Durch die Tätigkeit der Banken ist jedenfalls ein Netz von indirekten Kreditbeziehungen entstanden, das, verglichen mit den Verhältnissen früherer Jahrzehnte, sicherlich schwerer überschaubar ist, weil nämlich ein großer Teil der direkten Kreditbeziehungen zwischen

---

[24] Diese Aussage soll nicht der Tatsache widersprechen, daß eine Vielzahl von Geschäften erst mit Hilfe eines Bankkredits zustande kommt.

III. Die ökonomische Struktur der Kreditsequenzen

Produzenten und Händlern eben durch das Dazwischentreten der Banken zu indirekten Kreditbeziehungen geworden ist. An der Verknüpfung der einzelnen Geschäfte, „kraft welcher eine Geldausgabe des einen direkt und indirekt eine entsprechende Geldeinnahme des anderen bewirkt"[25], hat sich aber darum nichts geändert. Nur die Zahlungsvorgänge haben sich von den Unternehmungskassen auf die Bankkonten verlagert. Auf den Bankkonten vollzieht sich etwas geräuschloser als ehedem bei direktem Kassenverkehr zwischen den Beteiligten die „Geldausgabe" und „Geldeinnahme".

Die Verlagerung eines großen Teils der Zahlungsvorgänge auf die Bankkonten ist also der sichtbare Ausdruck für die Konzentration der Kreditbeziehungen im Bankensystem. Das Besondere dieser Konzentration ist darin zu sehen, daß mit ihr ein großer Teil der direkten Kreditbeziehungen zwischen den einzelnen Wirtschaftssubjekten einerseits getrennt wird, daß aber andererseits gleichzeitig mit der Trennung diese Kreditbeziehungen indirekt wieder zusammengefügt werden. Für den einzelnen Bankkunden sieht die Perspektive etwas anders aus. Die Geschäftsverbindung mit seiner Bank gestattet es ihm, einen Teil seiner einzelnen direkten Kreditbeziehungen zu den Lieferanten und Abnehmern aufzugeben, diese aber gleichzeitig in einer einzigen, wiederum direkten Kreditbeziehung — entweder als Gläubiger oder als Schuldner — summarisch zusammenzufassen. Über die Banken vollzieht sich damit ein doppelter, ein zweistufiger Konzentrationsprozeß, von dem wesentliche Teile der im wirtschaftlichen Verkehr entstehenden Kreditbeziehungen erfaßt und hineingezogen werden. An dieser Konzentration der Kreditbeziehungen sind Banken und Nicht-Banken gleichermaßen beteiligt; beide Gruppen beeinflussen sich dazu wechselseitig.

Die Kreditbeziehungen, von denen hier die Rede ist, entstehen stets zwischen Wirtschaftssubjekten außerhalb des Bankbereiches — anderenfalls wäre es sinnlos, von einer Konzentration der Kreditbeziehungen im Bankensystem zu sprechen. Im Zuge der Konzentration werden also von den Banken bereits bestehende Kreditbeziehungen übernommen. Die Banken schalten sich dazwischen, indem sie die zu übernehmenden Kreditverhältnisse in zwei Teile aufspalten. Entweder wird die kreditgewährende Einzelbank neuer Gläubiger und Schuldner zugleich: Gläubiger gegenüber dem bisherigen Schuldner und Schuldner gegenüber dem bisherigen Gläubiger; oder die Gläubiger- und Schuldnerpositionen verteilen sich auf zwei Banken. Konzentration der Kreditbeziehungen bei den Banken bedeutet somit gleichzeitig Spaltung ihrer ursprünglichen Form. Beide, Spaltung und Konzen-

---
[25] Wicksell, Knut, a.a.O., S. 59.

tration — bezogen auf einen einzelnen Fall — umfassen nun genau einen Abschnitt dessen, was wir als Kreditsequenz bezeichnen. Der einzelne Kreditsequenzabschnitt besteht aus zwei gegenläufigen Kreditakten, einem passivischen und einem aktivischen. Eine Kreditsequenz setzt sich aus mindestens zwei solcher Abschnitte zusammen. Kreditsequenzen, die sich innerhalb einer Bank bilden, unterscheiden sich im grundsätzlichen nicht von denjenigen, die über zwei oder mehr Banken hinweg entstehen. Der Unterschied liegt lediglich darin, daß bei der Einzelbank beide Kreditvorgänge stattfinden, während sie sich im anderen Fall auf zwei Banken verteilen[26]. In beiden Fällen wird auch die Grundvoraussetzung des Kreditgeschäfts der Banken, nach der jedem aktiven Kreditvorgang ein passiver vorausgehen muß, nicht außer Kraft gesetzt. Jede Kreditsequenz wird mit einer aktiven Kreditgewährung eingeleitet und diese wiederum setzt eine passive Kreditgewährung in der Form einer Bareinzahlung voraus.

Mit diesen Erläuterungen zu den Kreditsequenzen sind wir wieder bei unserem Ausgangspunkt angekommen. Die ökonomische Struktur der Kreditsequenzen läßt sich auf Grund der dargelegten Zusammenhänge folgendermaßen kennzeichnen: Kreditsequenzen folgen unmittelbar aus der Spaltung ursprünglicher Kreditbeziehungen zwischen Wirtschaftssubjekten (Nicht-Banken) durch eine oder mehrere Banken. Die zwischen Nicht-Banken entstehenden Kreditverhältnisse werden von den Banken übernommen und mit den jeweiligen Partnern fortgesetzt. Mit jeder Übernahme, die keinen Bargeldabfluß aus dem Bankbereich auslöst, wird eine begonnene Kreditsequenz um ein Glied erweitert — entweder innerhalb einer Einzelbank oder innerhalb des Bankensystems. Das bankwirtschaftliche Ergebnis einer Kreditsequenz besteht also aus größenmäßig sich entsprechenden, aber entgegengesetzten geldlichen Ansprüchen (Forderungen und Verbindlichkeiten), die ihren Ursprung in den zwischen Nicht-Banken entstandenen Kreditverhältnissen haben. Die hier gemeinten Kreditverhältnisse zwischen Nicht-Banken haben auf das gesetzliche Zahlungsmittel lautende Zahlungsversprechen zum Inhalt und sind die geldlichen Pendants wirtschaftlichen Warenaustausches. Mit der Übernahme seitens der Bank oder der Banken werden die geldlichen Ansprüche verselbständigt und innerhalb des Bankenbereiches als Forderungen und Verbindlichkeiten gegenüber den Bankkunden getrennt fortgeführt. Damit sind sie von ihrer Entstehung losgelöst. Durch diese Abstraktion werden sie innerhalb des Bankbereichs fungibel, d. h. die Verbindlichkeiten der Bankschuldner sind mit gleichartigen Gegenforderungen beliebig aufrechenbar, die Forderungen der Bankgläubiger (Bankguthaben) erstens in

---

[26] Die Konzentration der Kreditbeziehungen vollzieht sich in diesen Fällen innerhalb des Bankensystems, d. h. bei den beteiligten Banken.

gleicher Weise aufrechenbar, zweitens übertragbar und drittens schließlich in das gesetzliche Zahlungsmittel umwandelbar.

Für die Bankguthaben ergibt sich noch ein weiterer wesentlicher Gesichtspunkt: Durch die Übertragung einer im Wirtschaftsverkehr entstandenen geldlichen Forderung in den Bankenbereich ist aus einer „einfachen" Forderung eine „qualifizierte" Forderung geworden. Die zu Bankguthaben umgewandelten Forderungen sind zwar nach wie vor private Forderungen; das Vertrauen, das dem Zahlungsversprechen einer Bank entgegengebracht wird, ist aber — solange die Zahlungsfähigkeit der bezogenen Bank nicht bezweifelt wird — im allgemeinen größer als das Vertrauen gegenüber dem Zahlungsversprechen der Nicht-Banken. Zwingend ist diese Qualitäts- oder Bonitätseinstufung nicht; sie stützt sich nur auf die Erfahrung und kann sich ebenso gut umkehren. Der einzelne Gläubiger glaubt eben daran, daß die Bank ein besserer Schuldner sei. Die längst im Wirtschaftsverkehr entstandenen Forderungen haben also in der Form der Bankguthaben sozusagen „Bankfähigkeit" oder „Bankgarantie" erhalten. Bei den von den Banken übernommenen Schulden (den Debitoren der Einzelbank) zeigt sich der gleiche, aber umgekehrte Gesichtspunkt. Eine kreditgewährende Bank übernimmt nicht jeden x-beliebigen Schuldner. Sie wählt nur denjenigen zu ihrem Schuldner, den sie für sicher hält — sicher in dem Sinne, daß sie daran glaubt, ihre Forderung werde zum Zeitpunkt der Fälligkeit und in voller Höhe erfüllt. Die Banken richten sich ebenfalls nach der Qualität bzw. Bonität ihrer Schuldner[27]. — In beiden Richtungen findet also ein Ausleseverfahren für geldliche Forderungen statt. Das ist das vermeintliche Rätsel des Kreditgeschäfts der Banken.

IV. Die Zu- und Abnahme der Bankguthaben

Die in den beiden vorangegangenen Abschnitten entwickelten Zusammenhänge führen zu zwei weiteren, für das Gesamtproblem aufschlußreichen Fragenbereichen hin: Erstens, welches sind die Bedingungen für die Zu- und Abnahme der Bankguthaben innerhalb des Bankensystems, und zweitens, wodurch wird die Kreditgewährungskapazität sowohl der Einzelbank als auch des Bankensystems bestimmt?

Bankguthaben entstehen erstens durch Bareinzahlungen und zweitens auf Grund solcher Zahlungen, die aus einem sog. Kreditguthaben geleistet werden. Das ist das Ergebnis, zu dem wir im zweiten Abschnitt dieses Kapitels gekommen sind. Im vorigen, dritten Abschnitt

---
[27] Vgl. Dobretsberger, Josef, a.a.O., S. 44 ff., S. 69 ff.

70   D. Theoretische Erklärung der bankgeschäftlichen Kreditgewährung

haben wir schließlich ausgeführt, daß die Summe sämtlicher Bankguthaben die Summe des umlaufenden Bargeldes nicht übersteigen könnte, wenn die Banken lediglich Geldaufbewahrungs- und Geldübertragungsstellen wären. Die Anlage der empfangenen Gelder, insbesondere deren kreditäre Verwendung, haben diese absolute Grenze für die Bankguthaben gesprengt; sie ist die grundsätzliche Bedingung für das Wachstum der Bankguthaben über diese Grenze hinaus.

Wenn wir von der irrealen Annahme ausgehen, die empfangenen Gelder würden von den Banken nicht angelegt bzw. kreditär verwendet werden, dann könnte eine Zunahme der Bankguthaben bei sämtlichen Banken nur durch eine verringerte Kassenhaltung der Bankkunden zustande kommen, d. h. die Bankkunden müßten ihre eigenen Kassenbestände zugunsten ihrer Kassenführungsguthaben (Bankguthaben) reduzieren. Eine Abnahme würde entgegengesetzt verlaufen. Lassen wir die eben genannte Annahme beiseite und berücksichtigen das tatsächlich existente, zweiseitige Kreditgeschäft der Banken, dann fällt zwar die Möglichkeit eines Wachstums der Bankguthaben durch eine verringerte eigene Kassenhaltung der Bankkunden nicht weg; sie wird aber ergänzt durch die Möglichkeiten, die sich aus der Kreditgewährung der Banken, aus dem aktiven Kreditgeschäft ergeben. Allerdings führt, wie bereits bekannt, nicht jede Kreditgewährung einer Bank nach der Inanspruchnahme zu einem Bankguthaben. Bargeld, das der kreditgewährenden Bank entzogen wird, kann entweder ein erhöhtes Bedürfnis des Verkehrs außerhalb des Bankenbereiches befriedigen oder zur Tilgung eines fälligen Bankkredits verwendet werden. In gleicher Weise ist die Verrechnung eines Kreditguthabens mit einem debitorischen Konto innerhalb des Bankensystems ohne Einfluß auf den Bankguthabenbestand. Die Summe der Bankguthaben erhöht sich also im Anschluß an eine Kreditgewährung nur dann und in dem Umfang, wenn und insoweit die Empfänger der sog. Kreditguthaben Bankgläubiger werden. An diese Bedingung sind auch der Anfang und die Fortsetzung einer Kreditsequenz gebunden. Daher wird das Wachstum der Bankguthaben innerhalb des Bankensystems und innerhalb einer bestimmten Zeitperiode teilweise bestimmt von der Anzahl und Länge der zustande gekommenen Kreditsequenzen. Innerhalb einer bestimmten Zeitperiode sind auch die komplementären Abbausequenzen zu berücksichtigen. Die genaue Größe für die Zu- oder Abnahme der auf die genannte Art neu gebildeten bzw. abgebauten Bankguthaben ergibt sich daher aus der Differenz zwischen der positiven und negativen Sequenzsumme. Beide Summen bilden sich aus der Addition sämtlicher, den jeweiligen Sequenzabschnitten zuzuordnenden Teilguthaben. An der Bestandsveränderung der gesamten Bankguthaben im Bankenbereich — bezogen

IV. Die Zu- und Abnahme der Bankguthaben

auf eine Zeitperiode — sind somit vier geld- bzw. kreditwirtschaftliche Vorgänge in ihrer Gesamtheit beteiligt:

1. (+) Verringerung der Kassenhaltung bei den Nichtbanken.
2. (—) Vergrößerung der Kassenhaltung bei den Nichtbanken.
3. (+) Neubildung von Bankguthaben innerhalb der zustande gekommenen Kreditsequenzen.
4. (—) Auflösung von Bankguthaben innerhalb der zustande gekommenen Abbausequenzen.

Jede dieser vier Teilgrößen bringt zum Ausdruck, daß die Zu- oder Abnahme des Gesamtbestandes an Bankguthaben primär abhängig ist von der Neigung des Bankpublikums, neue Kreditbeziehungen — als Gläubiger — mit den vorhandenen Banken einzugehen bzw. bestehende Kreditbeziehungen aufzulösen. Bei der Reduzierung der eigenen Kassenhaltung zugunsten der Bankguthaben bzw. bei der Vergrößerung der Kassenhaltung zu Lasten der Bankguthaben ist dies unmittelbar verständlich. Ein Teil der Neubildungen von Bankguthaben entsteht jedoch erst im Anschluß an eine Kreditgewährung seitens der Banken. Das Entstehen selbst folgt aber nicht zwangsläufig aus der Kreditgewährung. Die Entscheidung darüber, ob nach einer Kreditgewährung ein für das Bankensystem neues Bankguthaben entsteht, fällt bei den potentiellen Gläubigern der Banken. Es sind darum die tatsächlichen Gläubiger in ihrer Gesamtheit, die durch ihren Entschluß, Gläubiger der einen oder anderen Bank zu werden, das Entstehen von neuen Bankguthaben sowohl grundsätzlich als auch der Höhe nach bestimmen. Keine Bank innerhalb der marktwirtschaftlichen Ordnung hat es in der Hand, derartige Gläubigerbeziehungen zu erzwingen. Im entgegengesetzten Sinne kann es eine Bank ebensowenig verhindern, daß Bankguthaben, gleichgültig wie sie entstanden sind, aufgelöst werden.

Gänzlich ohne Einfluß auf die Entstehung neuer Bankguthaben sind die Banken allerdings doch nicht. Die Banken können erstens Geld, das zur Einzahlung kommen, oder eine Geldforderung, die gutgeschrieben werden soll, verweigern, weil sie die betreffende Person als Gläubiger ablehnen; zweitens können sie durch eine gemeinsame restriktive Kreditpolitik jede Erweiterung der begonnenen Kreditsequenzen und jeden Anfang solcher Sequenzen verhindern. Dieser prohibitive Einfluß der Banken schränkt unsere vorher genannte grundsätzliche Feststellung jedoch nicht ein, denn er besagt lediglich, daß die Banken die Bildung neuer Bankguthaben zwar verhindern, nicht aber, daß sie diese erzwingen können. Eine progressive, d. h. auf Vergrößerung ausgerichtete Tätigkeit der Banken in ihrem zweiseitigen Kreditgeschäft ist also Bedingungen unterworfen, die erstens in der marktwirtschaftlichen Abhängigkeit der Banken und zweitens in der freien Wahl der Einleger, Mitglieder der Bankzahlungsgemeinschaft zu sein, ihre Begründung finden. Gemeint ist damit folgendes: Im passiven Kreditgeschäft sind die Banken zwangsläufig passiv, im aktiven Kreditgeschäft hingegen sind sie aktiv[28] — letzteres jedoch mit Einschränkungen. Einmal kann das Kreditnehmen von den Banken nicht erzwungen werden, und zum anderen wird das aktive Kreditgeschäft in seinem Ausmaß vom passiven Kreditgeschäft absolut begrenzt. Davon im nächsten Abschnitt mehr.

Der Anlaß für den einzelnen Zahlungsvorgang kommt also von außerhalb — nicht von den Banken. Dafür gibt es zwei Gründe: Zum ersten sind die Bankkassen abgeleitete, sekundäre Kassen, und zum zweiten haben die geldlichen Forderungen und Gegenforderungen zwischen den Nicht-Banken ihren Ursprung außerhalb des Bankensystems, weshalb die Beteiligung der einzelnen Bank ebenfalls nur sekundär sein kann. Die Banken sind im ureigensten Sinne des Wortes Sekundanten im geld- und kreditwirtschaftlichen Verkehr. — Für die Zu- der Abnahme der Bankguthaben folgt daraus eine weitere Erklärung: Die Zu- oder Abnahme sind sekundäre Erscheinungen, denn die sie bewirkenden Zahlungsvorgänge sind aus dem Bereich der Nicht-Banken in den Bankenbereich übertragene Vorgänge. Das darf aber nicht so verstanden werden, als ob sämtliche, im Nicht-Bankenbereich stattfindenden Verkehrsakte, die geldliche Wirkung haben, in den Büchern der einen oder anderen Bank ihren Niederschlag fänden. Bei den Banken ist nur ein Teil der Kreditverflechtungen konzentriert, d. h. kurz gesagt, die Nicht-Banken entscheiden darüber, in welchem Ausmaß sie ihre im wirtschaftlichen Verkehr erworbene Verfügungsgewalt über bares Geld bzw. ihre erworbenen geldlichen Forderungsrechte auf die Banken übertragen oder von den Banken wieder abfordern.

V. Kreditgewährungskapazität und Liquidität

Die Kreditgewährungskapazität einer Bank wird absolut begrenzt durch die Kreditgewährung, die ihr von ihren Gläubigern zuteil wird. Dieses vorweggenommene Ergebnis begründet, weshalb wir bislang die Bankguthaben so sehr in den Vordergrund unserer Betrachtung gerückt haben. Auch die Verknüpfung der beiden Teilfragen „Kreditgewährungskapazität" und „Liquidität" läßt sich begründen: Zwischen dem zweiseitigen Kreditgeschäft einer Bank und ihrer Liquidität besteht ein wechselseitiger Zusammenhang.

---

[28] Die Begriffspaare „passiv" und „aktiv" sind nicht synonym zu verstehen.

V. Kreditgewährungskapazität und Liquidität

Der Begriff „Liquidität" wird im wirtschaftswissenschaftlichen Schrifttum vielsinnig interpretiert. Dort gibt es volkswirtschaftliche Liquidität, einzelwirtschaftliche Liquidität, güterliche und geldliche Liquidität, Liquidität ersten Grades, zweiten Grades usw. Wir sehen uns daher veranlaßt, kurz zu sagen, was wir unter Liquidität verstehen. — Liquidität ist ein Verhältnis zweier geldwirtschaftlicher Größen, die zeitpunktbezogen und in die Rechnung eines einzelnen Wirtschaftssubjektes eingeordnet sind. Gemeint ist folgendes Verhältnis: Summe der vorhandenen, verfügbaren geldlichen Mittel zur Summe der fälligen Verbindlichkeiten. Dieser Quotient ist ein quantitativer, rechnerischer Ausdruck für die Zahlungsfähigkeit, d. h. der Fähigkeit, die gegebenen Zahlungsversprechen fristbestimmt zu erfüllen[29]. Die Banken geben nach zwei Seiten hin Zahlungsversprechen: im passiven und aktiven Kreditgeschäft. Auf der einen Seite sind es die Gläubiger, die Kreditgeber der Banken, denen die jederzeitige oder terminbestimmte Einlösung ihrer geldlichen Ansprüche versprochen ist. Verspruchspartner auf der anderen Seite sind die Kreditnehmer, die die ihnen eingeräumten Kreditguthaben entweder noch gar nicht oder nur zum Teil beansprucht haben. Die Erfüllung dieser Zahlungsversprechen führt bei der Einzelbank bekanntlich immer dann zur Auszahlung, wenn die Berechtigten Bargeld fordern, wenn also die bisherige Kreditierung der Bank nicht durch einen neuen Gläubiger bei ihr fortgesetzt wird bzw. wenn der Begünstigte des Kreditnehmers ebenfalls nicht Gläubiger der kreditgewährenden Bank wird. — In diesem Zusammenhang ist noch folgendes zu berücksichtigen: Bankguthaben, die nicht unmittelbar durch eine Bareinzahlung, sondern im Rahmen einer Kreditsequenz zustande gekommen sind, können — entgegen ihrer Entstehungsweise — durch Barauszahlungen aufgelöst werden, weil der Dualismus der Zahlungswege im sog. Mischgeldsystem diese Möglichkeit unabweisbar in sich trägt. — Den Auszahlungen, die eine Bank auf Grund ihrer Zahlungsversprechen innerhalb eines Tages zu leisten hat, stehen die täglichen Einzahlungen zugunsten kreditorischer und debitorischer Konten gegenüber. Der praktische Ablauf zeigt nun, daß zwischen Ein- und Auszahlungen bei den Kreditoren einerseits und den „Kredit"-Auszahlungen und „Kredit"-Rückzahlungen andererseits Spannungen in zeitlicher Hinsicht und der Höhe nach entstehen können. Diese Spannungen müssen von den Banken im Interesse ihrer Liquidität ausgeglichen werden. Dabei haben sie besonders auf folgendes zu achten: „Auf die Bewegungen, die sie auf beiden Seiten (bei den Kreditoren und Debitoren,

---

[29] Zahlungsfähigkeit wird angenommen, wenn der Quotient gleich oder größer 1 ist.

74　D. Theoretische Erklärung der bankgeschäftlichen Kreditgewährung

d. Verf.) zu erwarten haben, auf die Tiefe, bis zu der Guthaben und Forderungen ‚aufgewühlt' werden[30]."

Auf welche Weise die Banken sich die erforderliche Liquidität praktisch sichern, setzen wir als bekannt voraus.

Die Liquidität der einzelnen Bank ist jedenfalls das Ergebnis ihrer geschäftspolitischen, genauer gesagt, ihrer anlagepolitischen Maßnahmen. Es ist eigentlich überflüssig zu sagen, daß es für die Banken ein Liquiditätsproblem nicht geben würde, wenn sie die empfangenen Gelder nur aufbewahren würden. Die Anlage, vornehmlich die Ausleihe der Gelder, und der Zwang zur jederzeitigen Zahlungsfähigkeit stehen daher bei allen Banken — gleichgültig in welcher Absicht sie tätig sind — miteinander in Konkurrenz: Kredit gewähren wollen sie, zahlungsfähig bleiben müssen sie.

Der Beginn des aktiven Kreditgeschäfts einer Bank setzt voraus, daß Bargeld vorhanden ist. Es kann sich zwar nachträglich herausstellen, daß durch den ersten Kreditgewährungsakt der Bank kein Bargeld entzogen wurde. Aber zum Zeitpunkt des Kreditversprechens ist es für die Bank völlig offen, welche geldlichen Folgen für sie daraus entstehen. In dieser Ungewißheit befindet sich die Einzelbank bei jedem nachfolgenden, noch nicht eingelösten Kreditversprechen. Es liegt nun auf der Hand, daß die Liquiditätsfrage für eine Bank praktisch erst dann akut wird, wenn ihr Bargeldvorrat durch eingelöste Kreditzusagen so weit verringert ist, daß er gerade noch ausreicht, um die wahrscheinlichen Bargeldforderungen aus den noch nicht eingelösten Kreditzusagen und die Ansprüche der Gläubiger befriedigen zu können. Dann *muß* die Bank auf die Bewegungen bei den Kreditoren und Debitoren, auf die Tiefe, bis zu der Guthaben und Forderungen aufgewühlt werden, achten, und zwar in doppelter Hinsicht: einmal auf die Bewegungen und Umschichtungen schlechthin und zum anderen, in welchem Verhältnis Barzahlungen und unbare Zahlungen an diesen Bewegungen und Umschichtungen beteiligt sind. Das Nebeneinander der beiden Zahlungswege stellt das Liquiditätsproblem der Banken — im Gegensatz zu dem der Nicht-Banken — auf eine andere, „höhere" Stufe. Alle bestehenden Zahlungsversprechen, die eine Bank im passiven und aktiven Kreditgeschäft gegeben hat, lauten auf das gesetzliche Zahlungsmittel, d. h. die Berechtigten haben einen Anspruch auf Bargeld. Da die Banken aber aus Gründen, die wir bereits ausführlich erläutert haben, einen Ersatz für die Barauszahlung bieten, haben die Anspruchsberechtigten die Wahl zwischen zwei Möglichkeiten: bare oder unbare Zahlung. Die Barauszahlung

---

[30] Rieger, Wilhelm, Einführung in die Privatwirtschaftslehre, Nürnberg 1928, S. 282.

V. Kreditgewährungskapazität und Liquidität

entzieht selbstverständlich der Bank in voller Höhe Bargeld. Bei der unbaren Zahlung ist der Bargeldverlust entweder gleich Null oder begrenzt auf den Saldo, der sich summarisch im Abrechnungsverkehr mit anderen Banken ergibt[31].

Für die einzelne Bank hat das zur Konsequenz, daß mit der Zunahme der unbaren Zahlungen auch die Chancen steigen, im Einzelfall kein Bargeld abgeben zu müssen. Aus diesem Grunde ist das Verhältnis Summe der Barzahlungen zur Summe der unbaren Zahlungen für jede Bank außerordentlich bedeutsam. Es sind also liquiditätspolitische Erwägungen, weshalb die Banken der unbaren Zahlung den Vorzug geben und sie organisatorisch fördern.

Die Liquidität hat für die Banken jedoch keinen Selbstzweck; sie ist ein notwendiges „Übel". Der liquiditätsbegünstigende Effekt, den die unbaren Zahlungen haben *können,* ist vielmehr kreditpolitisch interessant. Er gestattet es der Einzelbank, entsprechend mehr Zahlungsversprechen auf der Debitorenseite zu geben und einzulösen, als wenn es die unbaren, bargeldersetzenden Zahlungen nicht gäbe. Deutlicher ausgesprochen heißt das: mit steigendem Anteil *der* unbaren Zahlungen, die für die kreditgebende Bank bargeldneutral wirksam sind, nimmt die Kreditgewährungskapazität dieser Bank zu.

Um Mißverständnissen vorzubeugen, sei ausdrücklich wiederholt, daß eine unbare Zahlung für die betreffende Bank nicht zwangsläufig bargeldlos ist. Deshalb wäre auch eine Schlußfolgerung, die einfach den Anteil des unbaren Zahlungsverkehrs am gesamten Zahlungsverkehr als mitbestimmenden Faktor für die Kreditgewährungskapazität berücksichtigt, falsch. Richtig ist, die unbaren Zahlungen generell als erste Voraussetzung dafür anzusehen, daß Zahlungen ohne Bargeldbewegung überhaupt in den Bereich des Möglichen fallen. Ausschlaggebend ist jedoch eine zweite, für die Einzelbank geteilte Voraussetzung. Die unbare Zahlung muß sich entweder bei der ausführenden Bank niederschlagen, oder sie muß im Abrechnungsverkehr mit anderen Banken aufrechenbar sein bzw. kompensiert werden. Das Verhältnis der baren Zahlungen zu den unbaren Zahlungen ist abhängig von den Zahlungsgewohnheiten des jeweiligen Bankpublikums, also ein bankindividuelles Verhältnis, das im normalen Geschäftsablauf einer Bank nahezu konstant bleibt und sich nur mit der Änderung der Zahlungssitten verschiebt. Für den Verbleib der Zahlungen im eigenen Bankbereich, für die Aufrechenbarkeit mit Gegenforderungen und für die Kompensation mit gegenläufigen Zahlungen im Clearing gibt es keine strengen Abhängigkeiten. Denn weder der Geschäfts-

---

[31] Im Extremfall ist der Saldo gleich der Höhe des angewiesenen Betrages.

D. Theoretische Erklärung der bankgeschäftlichen Kreditgewährung

umfang einer Bank (einschließlich ihrer evtl. weit verbreiteten Filialen), noch das gleichartige Verhalten aller Banken, noch sonstige Struktur- und Verhaltenselemente führen zwangsläufig zu einer bestimmten Wirkung der unbaren Zahlungen für die einzelne Bank.

Diese Feststellungen führen zu dem Schluß, daß derjenige Teil der unbaren Zahlungen, der für eine Bank bargeldunwirksam ist, weder in einer bestimmten Relation auszudrücken ist, noch in ein irgendwie geartetes, klar abzugrenzendes Abhängigkeitsverhältnis eingeordnet werden kann. Der genannte Teil der unbaren Zahlungen läßt sich nur empirisch für jede einzelne Bank getrennt im zeitlichen Ablauf ermitteln. Die theoretische Aussage muß sich darauf beschränken, die Beziehungen zwischen unbarem Zahlungsverkehr und Kreditgewährungskapazität der Tendenz nach aufzuzeigen. Wir wiederholen sinngemäß: In dem Maße, in dem sich der unbare Zahlungsverkehr für die einzelne Bank tatsächlich bargeldersetzend auswirkt, nimmt die Kreditgewährungskapazität dieser Bank zu. Sie ist also eine abhängige Veränderliche der Bargeldbeanspruchung, der jede Bank individuell ausgesetzt ist. Die Art dieser Abhängigkeit läßt bereits erkennen, daß den Kreditgewährungskapazitäten der einzelnen Banken absolute Grenzen gesetzt sind, und zwar durch das Bargeld, das jeder Bank nur beschränkt zur Verfügung steht.

Dieser ungenaue Hinweis kann mit Hilfe der beiden extremen Wirkungen der Kreditgewährung präzisiert werden. Bekanntlich verlangt jede Kreditgewährung einer Bank alternativ Bargeld oder die Kreditierung der Bank durch einen neuen Gläubiger. Es sind daher folgende Extremwirkungen möglich: Entweder ist der für die Kreditgewährung freigesetzte Kassenüberschuß nach der ersten, zweiten ... usw. Kreditgewährung völlig erschöpft, oder er ist noch in der anfänglichen Höhe vorhanden. Die erste Situation schließt, im Gegensatz zur zweiten, jede weitere Kreditgewährung der Bank aus. Im zweiten Extremfall kann die Kreditgewährung zwar fortgesetzt werden, sie ist aber — selbst unter den gleichen Voraussetzungen — begrenzt. Begrenzt deshalb, weil als Folge der Kreditgewährung für die Bank neue Gläubigeransprüche entstanden sein müssen. Die Grenze liegt dort, wo der ursprünglich für die Kreditgewährung vorgesehene Kassenüberschuß seiner Höhe nach als ausreichende Liquiditätsreserve für die neu entstandenen Bankguthaben beurteilt wird[32]. Die „Wahrheit" liegt zwischen den Extremen — eine Folgerung, die der praktischen Vernunft gehorcht. Praktisch haben die Banken bei ihrer Kredit-

---

[32] Im Interesse der Deutlichkeit sind wir stillschweigend von der unrealistischen Unterstellung unterschiedlicher Bargeldanforderungen im passiven und aktiven Kreditgeschäft ausgegangen. Die Bargeldanforderungen im aktiven Kreditgeschäft haben wir gleich Null gesetzt.

gewährung die Bargeldforderungen ihrer Kreditnehmer *und* die der neuen Gläubiger zu berücksichtigen. Im Ergebnis ist es somit die Liquidität, durch die den individuellen Kreditgewährungskapazitäten Grenzen gesetzt werden. Und da die Liquidität ein bargeldbezogenes Verhältnis ist, ist es in letzter Konsequenz das Bargeld, das den Ausschlag gibt.

Das zu Anfang vorweggenommene Ergebnis erinnert daran, daß noch nicht zu Ende gedacht ist. Wir haben die Erklärung jedoch längst vorbereitet. Durch die bei jeder Kreditgewährung einer Bank sich aktualisierende Alternative — Bargeld oder die Kreditierung der Bank durch einen neuen Gläubiger — sind den Kreditgewährungskapazitäten eindeutige Grenzen gezogen, nämlich durch den „Kredit", den eine Bank erhalten hat bzw. erhält. Eine Bank kann folglich nicht mehr „Kredit" geben, als sie selbst empfangen hat.

Unsere Überlegungen galten bisher durchweg der Einzelbank. Es stellt sich daher abschließend die Frage, ob für die Gesamtheit der Banken hinsichtlich der Kreditgewährungskapazität andere Bedingungen gelten. — Die Gesamtheit der Banken ist die Summe aller Einzelbanken, die lediglich abrechnungstechnisch miteinander in Verbindung stehen. Die Abhängigkeiten, denen jede Bank ausgesetzt ist, werden dadurch aber weder modifiziert, noch außer Kraft gesetzt. Das Bankensystem übt keine potenzierende Wirkung aus. Deshalb ergibt sich die Kreditgewährungskapazität des Bankensystems aus der Addition der Einzelkapazitäten.

VI. Das geldliche Ende im Kreditgeschäft der Banken

Es liegt nahe, abschließend sich mit dem Ende dessen zu befassen, was durch die Kreditgewährung der Banken entstanden ist. Die Kreditgewährung ist jenes Aktionselement, das die Begrenzung der Bankguthaben auf die Summe des Bargeldumlaufs gebrochen hat. Bei der Einzelbank wirkt sich das bekanntlich in der Weise aus, daß die Summe der bei ihr unterhaltenen Bankguthaben höher ist als die Summe der originären Einzahlungen[33] und darüber hinaus auch höher sein kann als originäre und derivative, aus Kreditgewährungen abgeleitete Einzahlungen zusammen. Die einzelne Bank hat also — bedingt durch ihre Kreditgewährungen — insgesamt mehr geldliche Ansprüche zu befriedigen, als sie je bares Geld originär oder überhaupt erhalten hat. — Wie kann eine Bank damit fertig werden? Die Antwort darauf ist einzig und allein bei der Art und Weise der

---

[33] Originäre Einzahlungen sind solche, die nicht aus Kreditgewährungen einer Bank abgeleitet werden können.

D. Theoretische Erklärung der bankgeschäftlichen Kreditgewährung

kreditbedingten Bankguthabenentstehung zu finden: bei den Kreditsequenzen der Einzelbank und des Bankensystems. Dort, wo sich Kreditsequenzen bilden, entstehen die Bankguthaben immer nacheinander. Wenn die Entstehung dieser Bankguthaben also sukzessive, in der Zeit vor sich geht, dann kann die Auflösung dieser Bankguthaben ebenfalls nur sukzessive stattfinden. Das ist der Grund, weshalb sämtliche Bankguthaben zu einem bestimmten Zeitpunkt praktisch nie aufgelöst werden können, die geldliche Befriedigung aller Bankgläubiger auf einmal nicht möglich ist. Darum ist gegen den plötzlichen Ansturm, den sog. „run" auf eine Bank[34] oder auf alle Banken kein Kraut gewachsen. Die Bankgläubiger einer einzelnen Bank und sämtlicher Banken könnten theoretisch nur dann auf einmal befriedigt werden, wenn gleichzeitig sämtliche Bankschuldner ihre Schulden ablösen würden. Für alle Banken zusammen gilt das allerdings nur mit einer Einschränkung. Übersteigt das Bankguthabenvolumen den Bargeldumlauf, dann ist selbst theoretisch die gleichzeitige Guthabenauflösung und Schuldentilgung *geldlich* unmöglich. Theoretisch ist in diesem Fall nur die Aufrechnung zwischen Bankgläubigern und Bankschuldnern denkbar. Praktisch müßte und könnte demgegenüber die Auflösung aller Bankguthaben nur nacheinander vonstatten gehen, und zwar analog zu den Kreditsequenzen in umgekehrter Richtung. Wir haben diese negativen Kreditsequenzen früher Kreditabbausequenzen genannt. Diese Abbausequenzen sind nichts anderes als Abläufe der Schuldentilgung, sukzessiver „Kredit"-Abbau durch die Kreditnehmer.

Geldschulden können nur unter bestimmten Voraussetzungen getilgt werden. — Die geldlichen Mittel, die eine Bank ihren Kreditnehmern zur Verfügung stellt, werden zu Anlage- und Rohstoffkäufen, zu Lohnzahlungen, zu Schuldablösungen u. a. verwendet[35], sie werden ausgegeben, angelegt. Das hat zur Folge, daß die entstehenden Schulden von den Kreditnehmern nur aus späteren Verkaufserlösen bezahlt werden können[36]. Verkaufserlöse werden entweder über den regulären Absatz produzierter Güter und Leistungen oder aus dem freiwilligen oder erzwungenen Verkauf einzelner Vermögensteile erzielt. Daher ist die Schuldentilgung durch den Kreditnehmer mit dem Risiko der Umwandlung der nichtgeldlichen „Anlagen" in Geld bzw. in einen aufrechenbaren, übertragbaren geldlichen Anspruch belastet. Das Risiko einer Bank ergibt sich somit aus den Risiken aller Kreditnehmer dieser Bank, denn von den Schuldnern hängt es ab, ob die Bank

---

[34] Sofern bei der Einzelbank keine Stützungsaktion anderer Banken oder der Notenbank unternommen wird.
[35] Die Verwendung zum privaten Konsum schließen wir aus.
[36] Die Zuführung neuer Mittel von außen schließen wir ebenfalls aus.

VI. Das geldliche Ende im Kreditgeschäft der Banken

ihrerseits in der Lage ist, ihre Verbindlichkeiten zu erfüllen. Darüber hinaus ist für die einzelne Bank nicht nur entscheidend, *daß* die Verbindlichkeiten erfüllt werden. Im zeitlichen Verlauf der Bankentätigkeit kommt es noch darauf an, daß die Bankgläubiger *dann* befriedigt werden können, wenn sie ihre Forderungen geltend machen bzw. wenn die Forderungen fällig sind. Die Liquidität einer Bank wird somit beeinflußt durch die Liquidität ihrer Kreditnehmer. Es liegt deshalb auf der Hand, daß auftretende Absatzschwierigkeiten im gesamten Wirtschaftsbereich die Existenz der Nichtbanken *und* Banken gefährden, denn das Einfrieren gewährter „Kredite" verhindert die Befriedigung der Bankgläubiger. Die Illiquiditäten der einzelnen Kreditnehmer übertragen sich zwangsläufig auf die Banken und führen dort summiert — durch die Konzentration der Gläubiger und Schuldner — zu einer Zahlungskrise der gesamten Wirtschaft.

In der Bilanz einer Bank stehen sich Gläubiger — ausgewiesen als Einlagen — und Schuldner — ausgewiesen als Debitoren und/oder Kredite — summarisch gegenüber. Es bedarf nun sicherlich keiner weiteren Erklärung, daß in einer Bankbilanz ein mehr oder weniger großer Teil der Bankeinlagen keine Kassendeckung hat. Die Mittel, die eine Bank von ihren Einlegern erhalten hat, sind bei den Schuldnern, den Kreditnehmern angelegt. Derjenige Teil der Einlagen, der nicht durch den Kassenbestand der Bank gedeckt ist, muß daher seine Deckung in den Ansprüchen der Bank gegen die Kreditnehmer haben[37]. Praktisch lassen sich solche Deckungsbeziehungen herstellen. Vom theoretischen Standpunkt aus ist eine Zuordnung einzelner Bilanzaktiven als Deckungsgrundlage für bestimmte Passivposten (z. B. für die Einlagen) nicht möglich. Die Bankeinlagen haben zusammen mit allen anderen Passiven der Bilanz ihre Deckung in den gesamten Aktiven. Aus der bilanziellen Deckung der geldlichen Ansprüche kann jedoch nicht abgeleitet werden, daß diese Ansprüche gegebenenfalls tatsächlich erfüllt werden können. Darüber entscheidet die Qualität der Deckung zum Zeitpunkt der Fälligkeit.

---

[37] Die Deckung ist nicht zu verwechseln mit der Herkunft der Mittel, die zur Entstehung der Einlagen beigetragen haben.

E. Kausalität des Kreditgeschehens

Der Standort dieses Abschnittes mag auf den ersten Anblick befremden. Wir sehen diesen Einschub als sinnvolle Verknüpfung des vorangegangenen Teiles (D) mit dem nachfolgenden Schlußteil (F). Er enthält rückblickend die Bestätigung dessen, was wir erklärt haben und vorausschauend die Angelpunkte unserer Kritik in allgemeiner Form.

Der Gegensatz zwischen unserem Urteil und der Auffassung der modernen Kredittheorie beruht auf einer unterschiedlichen Interpretation der Ausgangspunkte. Unser Urteil geht von einer kausalgesetzlichen Abhängigkeit des Kreditgeschehens aus; die moderne Theorie hingegen versteht die Kreditvorgänge als mechanische Abläufe, die einseitig von den Banken gesteuert werden. Das letzte Wort über die generelle Kreditabhängigkeit oder die begrenzte Kreditautonomie der Banken soll daher erst dann ausgesprochen werden, nachdem wir die kausalen Zusammenhänge erklärt und die buchtechnische Behandlung der Kreditvorgänge theoretisch bestimmt haben. Zu diesem Zweck erklären wir zunächst den Begriff „Kausalität" und die Unterstellungen der doppelten Buchführung.

Kausalität ist die aus dem Kausalprinzip abgeleitete, gesetzlich-logische Beziehung von Ursache und Wirkung. Der allgemeine Sachverhalt, der als Kausalprinzip verstanden wird, läßt sich mit dem bekannten Satz ausdrücken: Ohne Ursache keine Wirkung. — Die logische Gesetzlichkeit der Kausalbeziehung läßt sich am einfachsten so erklären: Eine Ursache muß eine Wirkung zur Folge haben, um Ursache zu sein; gleiche Ursache muß stets gleiche Wirkung haben. — Jede Wirkung hat ihre *vorhergehende* Ursache, d. h. die Ursache ist vor der Wirkung. Kausalität ist also ein Verhältnis, dessen Glieder nicht als gleichzeitig, sondern als nachzeitig zueinander geordnet gedacht werden müssen. Als logische Beziehung sind beide, Ursache und Wirkung, zwar korrelativ und insofern als „gleichzeitig" anzusehen, aber im Zusammenhang des Geschehens liegen sie nacheinander in einer nicht umkehrbaren Richtung. Die Ursache ist stets *vor* der Wirkung. Verständlich wird dieses Nacheinander durch die Tatsache, daß jede Veränderung sich in der Zeit vollzieht. Verändern kann sich nur etwas, was Wirkung erfährt; und da die Wirkung logisch die Ursache voraussetzt, liegt in der Ursache konsequenterweise die Bedingung für die Veränderung. Das darf aber nicht so verstanden werden, als wäre die Ursache nur eine Bedingung. Ursache ist mehr. Ursache muß gedanklich aufgespalten werden in etwas, das Wirkung auslöst und ausübt und in einen zu verändernden, veränderbaren Zustand. Anders gesagt heißt das: Ursache ist das Wirkung Auslösende, Ausübende und noch nicht veränderter Zustand zugleich. Was Wirkung ist, ergibt sich bereits aus dem bisherigen. Wirkung ist Veränderung, im Ergebnis daher bewirkter, veränderter Zustand, Verursachtes. Das noch nicht Veränderte und das Veränderte stehen zueinander also in einem zeitlichen Folge-Verhältnis[1].

Alle geldlichen Vorgänge, die von einem Wirtschaftssubjekt rechnerisch festgehalten werden, können für dieses nur entweder Einnahmen oder Ausgaben sein. Ein Drittes kann es nicht geben — abgesehen von Korrekturen. Die Rechnung über wirtschaftliche Verkehrsvorgänge, die geldlichen Inhalt haben, muß daher eine zweiseitige Rechnung in und über Geld sein. Eine solche Rechnung ist die Buchführung, die die geldlichen Vorgänge im Zeitverlauf geordnet auf den sogenannten Konten erfaßt. Konten sind dem Rechnungszweck adäquate Hilfsmittel. Sie enthalten die beiden, auf das gleiche Objekt bezogenen, mathematisch jedoch gegensätzlichen, getrennten Rechnungen: eine additive Rechnung über die Einnahmen (positive Größen) und eine zweite additive Rechnung über die Ausgaben (negative Größen). Das Konto faßt beide Rechnungen zusammen und erweist sich daher als Differenzrechnung über ein im Zeitablauf veränderliches Objekt. — In der doppelten Buchführung wird jeder Vorgang doppelt registriert. Jede Ausgabe ist zugleich eine Einnahme und jede Einnahme zugleich eine Ausgabe. Allerdings hat nicht jedes Konto tatsächliche Einnahmen und Ausgaben zum Inhalt. Da die Buchführung jedoch nur geldliche Vorgänge enthalten kann, müssen konsequenterweise die Größenveränderungen auf den Konten entweder als Einnahmen oder Ausgaben bzw. — in der doppelten Perspektive — als Einnahmen *und* Ausgaben zugleich erklärt werden können. Das entsprechende Erklärungsprinzip finden wir im Geldumwandlungsprozeß Geld — Ware — Wiedergeld. Die doppelte Buchführung ist lediglich die rechnerische Begleitung dieses Prozesses, der mit einer Ausgabe beginnt und mit einer Einnahme endet. Alle geldlichen Größen, die zwischen dem Anfang und Ende eines Geldumwandlungsprozesses auf den Konten in Erscheinung treten, müssen daher als erwartete oder fiktive Einnahmen *und* als erwartete oder fiktive Ausgaben begriffen werden. — Auf den Konten der doppelten Buchführung stehen also

---
[1] In ähnlichem Sinne wird die umstrittene Kausalität auch von Heyde verstanden. Heyde, Johannes Erich, Entwertung der Kausalität? Für und wider den Positivismus, Stuttgart 1957.

nur Ausgaben und Einnahmen — tatsächliche, erwartete und fiktive Ausgaben und Einnahmen. Jede Ausgabe, die gemacht wird, geschieht in der Erwartung einer späteren, mindestens gleich großen Einnahme. In umgekehrter Richtung wird erwartet, daß jede spätere Ausgabe mindestens gleich der jetzigen Einnahme ist. Auf diesen Unterstellungen basiert die doppelte Buchführung — sie sind die Axiome dieser Rechnung. Wenn also buchtechnisch jeder Vorgang als gleichzeitige Ausgabe und Einnahme bzw. als gleichzeitige Einnahme und Ausgabe und hierbei Ausgabe und Einnahme stets größengleich behandelt werden, dann folgt dies eo ipso aus den der Rechnung zugrunde liegenden Unterstellungen[2].

Wir sind nun imstande, die buchtechnische Behandlung derjenigen Vorgänge, die uns vornehmlich interessieren, einwandfrei zu erklären.

Bei der Bareinzahlung zugunsten eines Kreditorenkontos (Bankguthaben) erscheint auf dem Kassenkonto im Soll (links) eine effektive Einnahme und auf dem Kreditorenkonto im Haben (rechts) eine zukünftige Ausgabe.

Die Verbuchung einer „Kredit"-Zusage nach angelsächsischer Methode führt auf einem Debitorenkonto links zu einer fiktiven Einnahme und auf einem Kreditorenkonto rechts zu einer ebenfalls fiktiven Ausgabe.

Wird die „Kredit"-Zusage nicht gebucht und fordert der Kreditnehmer Bargeld, dann zeigt das Debitorenkonto links eine zukünftige Einnahme und das Kassenkonto rechts eine effektive Ausgabe.

Verfügt der Kreditnehmer unter den gleichen Voraussetzungen mittels Überweisung oder Scheck über seinen kreditären Anspruch, so erscheint auf dem Debitorenkonto links wiederum eine zukünftige Einnahme und auf dem Guthabenkonto des Empfängers — falls der Empfänger Kunde der kreditgewährenden Bank ist — eine zukünftige Ausgabe.

Eine Gegenüberstellung unserer schlüssigen, eindeutigen Erklärung mit den Folgerungen, die in der Kreditschöpfungstheorie aus der zweiseitigen Verbuchung eines Kreditvorganges gezogen werden, führt zu folgendem Ergebnis:

Wir gehen zunächst davon aus, daß nach der angelsächsischen Methode gebucht wird. — Danach ist die Auffassung, die Bankguthaben seien eine Folge des „Kredits", nicht konsequent, denn bei der doppischen Behandlung sind Forderungen der Bank und Bankguthaben gleichzeitig. Die Erklärung hingegen, sie entstünden uno actu, scheint

---

[2] Zur Ergänzung sei noch erwähnt, daß positive und negative Abweichungen von der unterstellten Größengleichheit rechnerisch den Gewinn bzw. Verlust ergeben.

E. Kausalität des Kreditgeschehens

auf den ersten Blick richtig zu sein. Zweifellos wird die angelsächsische Methode der Tatsache gerecht, daß der Kreditnehmer einen geldlichen Anspruch in Höhe der Kreditzusage erlangt hat. Es ist daher nichts dagegen einzuwenden, wenn die Kreditzusage einerseits als Kreditinanspruchnahme und andererseits als Kreditguthaben in gleicher Höhe behandelt wird. Dieses Kreditguthaben ist aber weder begrifflich noch wirtschaftlich einem Bankguthaben gleichzusetzen. Bankguthaben sind Geldforderungen, die durch eine Bareinzahlung oder durch Übertragung eines geldlichen Anspruchs, also auf Grund einer einseitigen Kreditierung der Bank durch einen Gläubiger entstehen. Kreditguthaben hingegen entstehen durch die eigene Darlehensgewährung einer Bank; sie sind zwar auch Geldforderungen, die aber, im Gegensatz zu den Bankguthaben, mit gleich hohen Gegenforderungen belastet sind. Daß Kreditguthaben keine Bankguthaben sind, wird deutlich, wenn der Kreditnehmer das Kreditguthaben in Anspruch nimmt. Verfügt er bar, dann verschwindet das Kreditguthaben; übrig bleibt eine Forderung der Bank. Der Einwand, daß dies nur für den Fall der Barverfügung und in diesem Falle auch nur solange zutreffe, solange das Bargeld nicht wieder zu irgendeiner Bank zurückkomme, ist nicht stichhaltig. Wenn das Geld dazu benutzt wird, ein noch bestehendes Kreditverhältnis, ein debitorisches Konto auszugleichen oder zu verringern, dann gibt es keinen Zweifel darüber, daß ein Bankguthaben nicht zustande kommt. Wird das Geld jedoch auf ein Guthabenkonto eingezahlt, so entsteht tatsächlich ein zusätzliches Bankguthaben. Dieses Guthaben ist aber nicht deshalb entstanden, weil eine Bank „Kredit" gegeben hat, sondern einfach deshalb, weil ein Gläubiger des Kreditnehmers gegen diesen ein geldliches Forderungsrecht hatte, vom Kreditnehmer aus dem Kreditguthaben bezahlt wurde und der Gläubiger schließlich das vom Kreditnehmer erhaltene Geld bei seiner Bank einzahlte oder — falls der Kreditnehmer unbar verfügt hatte — sich die Geldforderung gutschreiben ließ. — Die Entstehung des Bankguthabens ist offensichtlich auf die Bareinzahlung oder die Forderungsübertragung eines Gläubigers zurückzuführen. Zwischen der Kreditgewährung einer Bank bzw. zwischen der Verfügung über ein Kreditguthaben und dem Entstehen eines Bankguthabens besteht keine Zwangsläufigkeit, kein gesetzlicher Zusammenhang in der Weise, daß in jedem Falle mit der Schuld des Kreditnehmers ein Bankguthaben entsteht.

Es ist nun unmittelbar verständlich, daß die von der Kreditschöpfungstheorie, auf Grund der buchungstechnischen Behandlung, für die Bankguthabenentstehung gezogenen Schlüsse nicht vertretbar sind. Die logische Struktur der doppelten Buchführung basiert auf der doppelten Darstellung jedes geldlichen Vorgangs als gleichzeitige und größengleiche Einnahme und Ausgabe, die auf den mathematisch gegensätzlichen Kontenseiten erfaßt werden. Einnahmen — als Sollbuchung — und Ausgaben — als Habenbuchung — bilden eo ipso ein untrennbares Gegensatzpaar, weshalb weder die Ausgabe Ursache noch die Einnahme Wirkung, oder umgekehrt, weder die Einnahme Ursache noch die Ausgabe Wirkung sein können. Da die beiden Größen gleichzeitig sind, kann es keine Ursache und Wirkung geben, es sei denn, es gäbe eine vorgeordnete Ursache, als deren Wirkung beide zusammen, Ausgabe *und* Einnahme, anzusehen wären. Im Sinne der Kreditschöpfungstheoretiker wäre diese das Nichts. Das Nichts kann aber nicht Ursache für eine Veränderung sein. Ursache kann nur auf ein Vorhandenes, Konkretes treffen, das Wirkung erfährt. Ein Nichts kann sich nicht zu etwas Konkretem verändern.

Unser vorletztes Teilergebnis sieht nun so aus: Die zweiseitige Erfassung eines geldlichen Vorganges in der doppelten Buchführung entspricht der Logizität dieser Buchführung. In der Doppik gibt es keine Kausalität.

Es bleibt uns jetzt noch übrig, die tatsächlich kausalen Zusammenhänge im Kreditgeschehen aufzuzeigen. — An früherer Stelle haben wir ausgeführt, daß für das menschliche Schaffen eine ‚creatio ex nihilo' a priori verneint werden muß, daß sich das menschliche Schaffen darauf beschränkt, *bereits* Vorhandenes zu ordnen, zu gliedern, zu verknüpfen. Hier gibt es also Veränderungen, die sich mit der erforderlichen Abstraktion in Ursache und Wirkung analysieren lassen.

Die Vorgänge, um die es geht, sind hinreichend bekannt, so daß wir auf Erklärungen verzichten können. — Ursache für das Entstehen eines Bankguthabens ist die Entscheidung eines Wirtschaftssubjektes, eine bestimmte Bargeldsumme oder einen geldlichen Anspruch in feststehender Höhe, über die es verfügt, einer Bank zu überlassen bzw. auf eine Bank zu übertragen. Solange das Geld oder der Anspruch noch nicht auf die Bank übergegangen ist, haben wir den unveränderten, noch nicht bewirkten Zustand. Mit der Übertragung vollzieht sich die Änderung. Das Bankguthaben ist das Bewirkte, ist veränderter Zustand. In der Bankbuchführung erscheint dafür gleichzeitig ein Kassen- oder Forderungszugang (Einnahme) *und* ein Zugang bei den Verbindlichkeiten (zukünftige Ausgabe).

Die Existenz eines Guthabens und eines entsprechenden Kassenbestandes ist nun nicht Ursache für eine Kreditgewährung, sondern die Bedingung, die Voraussetzung dafür. Wenn dem Bankguthaben kein Kassenbestand gegenübersteht, dann muß das Pendant eine For-

E. Kausalität des Kreditgeschehens

derung, ein „Kredit" sein, der von einem Dritten in Anspruch genommen ist. Ein anderes kann es nicht geben.

Voraussetzung für eine Kreditgewährung ist also, daß Geld vorhanden ist. Die Kreditgewährung einer Bank setzt außerdem die Kreditnachfrage, die Kreditgewährungsbereitschaft der Bank und schließlich die vertragliche Einigung der beiden Partner voraus. In der Entscheidung des Kreditnehmers, die darlehensweise Überlassung des Geldes von der Bank zu fordern, sehen wir die Ursache. Die Wirkung geschieht danach durch den Vollzug der Inanspruchnahme. Wir nehmen an, der Kreditnehmer fordere Bargeld. Das Bewirkte ist dann der in Anspruch genommene „Kredit", die Forderung der Bank. Verändert hat sich hierbei der Kassenbestand. Die Buchführung verzeichnet eine Kassenabnahme (Ausgabe) *und* eine Forderungszunahme (zukünftige Einnahme). — Dieser Vorgang kann bekanntlich mit einer Guthabenentstehung kombiniert in Erscheinung treten, so daß *zwei* kausal bedingte Veränderungen unmittelbar aufeinanderfolgen: Ursache$_1$ ist der Entschluß des Kreditnehmers, die Bank zu beanspruchen; Wirkung$_1$ ist die durch die Inanspruchnahme entstandene Forderung der Bank (verbunden mit einem Kassenausgang oder einer Zunahme der Bankverbindlichkeiten). Angenommen, der Kreditnehmer verfügte über den zugesagten „Kredit" unbar, indem er einen Scheck auf seine Bank zog und damit seinen Gläubiger bezahlte. Der Gläubiger entscheidet sich, seinen Anspruch auf die bezogene Bank zu übertragen. Das ist Ursache$_2$, der die Gutschrift (Verbindlichkeit der Bank) als Wirkung$_2$ folgt. Dadurch, daß in diesem Fall die Zahlung des Kreditnehmers an seinen Gläubiger durch eine Übertragung innerhalb der gleichen Bank ausgeführt werden konnte, fallen die Wirkung$_1$ und die Wirkung$_2$ — buchtechnisch gesehen — zusammen. Der Zahlungsweg wurde verkürzt, weshalb der Kassenausgang (Teil der Wirkung$_1$) und der Kassenzugang (Teil der Wirkung$_2$) entfallen bzw. durch die Übertragung ersetzt werden. Die Verkürzung des Zahlungsweges ist eine organisatorische Besonderheit, die unserer Begründung jedoch nicht entgegensteht. Wir stellen somit fest: Zwischen dem Ursache-Wirkung-Verhältnis$_1$ und dem Ursache-Wirkung-Verhältnis$_2$ besteht *keine* Zwangsläufigkeit, keine gesetzliche Beziehung. Die beiden kausalen Verhältnisse sind eigenständig. Sie liegen allerdings so eng beieinander, daß sie nur durch Auflösung, durch eine klare Trennung als solche erkennbar sind. Ohne diese Trennung sind wir der Täuschung ausgesetzt, als gäbe es nur die beiden Wirkungen Kredit *und* Bankguthaben.

Wir haben nun ein eindeutiges, unsere bisherigen Urteile bestätigendes Ergebnis: Mit der Entscheidung eines Gläubigers, seinen, gegen den Kreditnehmer einer Bank bestehenden, geldlichen Anspruch auf seine Bank zu übertragen, wird eine von der Kreditgewährung dieser Bank *unabhängige* Ursache ausgelöst. Diese Ursache bewirkt — falls der geldliche Anspruch nicht mit einem debitorischen Konto verrechnet wird — das Entstehen eines Bankguthabens.

F. Konsequenzen und Ergebnis

Wir haben uns in den vergangenen Abschnitten darum bemüht, logisch einwandfreie Erklärungen für den umstrittenen Fragenkomplex zu geben. Deshalb dürfen wir davon ausgehen, daß zwischen dem Sachverhalt und unseren Teilurteilen Identität besteht. Die Konsequenzen, die wir zum Abschluß ziehen wollen, bestehen darin, daß wir die Probe aufs Exempel machen: wir *erklären* die „multiple girale Kreditkreation der Einzelbank und die des Bankensystems"[1].

Nach der Theorie von der multiplen giralen Kreditkreation der Einzelbank schafft sich eine Bank die Mittel, die sie ihren Kreditnehmern zur Verfügung stellt, selbst. „Kredit" und Bankguthaben entstehen uno actu. Die Einzelbank ist in ihrer Kreditgewährung in dem Maße autonom, in dem ihre Kreditgewährungen keinen Bargeldabfluß zur Folge haben. Voraussetzung dafür ist, daß das von ihr geschaffene Bankguthaben bei ihr weitergeführt wird oder durch ein anderes im Wege der Kompensation ersetzt wird. Der Kreditschöpfungsspielraum der Einzelbank ist daher lediglich abhängig von ihrer Liquidität.

Unrichtig ist die Aussage dieser Theorie, daß sich die Bank die Mittel zur Kreditgewährung selbst schafft. Die Bank stellt dem Kreditnehmer ein Kreditguthaben zur Verfügung. Ein Bankguthaben hingegen entsteht durch einen von der Kreditgewährung unabhängigen, selbständigen Kreditakt eines neuen Bankgläubigers. — Richtig ist, daß nicht jede Kreditgewährung der Bank Bargeld entzieht. Der Gläubiger des Kreditnehmers beläßt der kreditgewährenden Bank das Bargeld, das ihm der Kreditnehmer hätte geben müssen und wird damit Gläubiger der Bank — die Bank wird kreditiert. Die Kompensation hat den gleichen Effekt. Zwischen den an der Kompensation beteiligten Banken findet ein Gläubigeraustausch statt. Vollständige Kompensation ist dann möglich, wenn sich — in der Terminologie der Kreditschöpfungstheorie — die kreditgewährenden Banken im Gleichschritt befinden, d. h. gleichzeitig und in gleichem Umfang „Kredite" gewähren. Es handelt sich hier um ein idealtypisches Gedankengebilde, das in seiner Abstraktion von der Wirklichkeit nur dazu dienen kann, im Modell darzustellen, wie und unter welchen Voraus-

---

[1] Für die Erklärung wiederholen wir die Kernpunkte der beiden Theorien und stellen diese jeweils voran.

setzungen eine Kompensation überhaupt zustande kommt. Das Gleichschrittstheorem verschafft der Theorie keine erhöhte „Gültigkeit". — Da eine Bank sich die Mittel, die sie zur Kreditgewährung benötigt, nicht selbst schaffen kann, kann es für sie auch keinen Kreditschöpfungsspielraum geben. Die Einzelbank ist in ihrer Kreditgewährung auch ohne Kreditschöpfung abhängig von ihrer Liquidität. — Insgesamt gesehen stützt sich die Theorie von der multiplen giralen Kreditkreation der Einzelbank auf einen Trugschluß.

Die Theorie von der multiplen giralen Kreditkreation des Bankensystems geht davon aus, daß einer Bank durch die Kreditgewährung Bargeld entzogen wird. Eine Bank, die auf Grund einer Überschußreserve „Kredit" gewährt, verliert dieses Bargeld entweder an den Verkehr außerhalb der Banken oder an eine andere Bank. In dem Maße, in dem sich eine anfängliche Überschußreserve auf mehrere Banken durch sukzessive Kreditgewährung dieser Banken verteilt, findet innerhalb des Bankensystems eine vielfache Kreditschöpfung statt. Jede beteiligte Bank kann jeweils nur in Höhe der erhaltenen Überschußreserve, abzüglich einer zurückbehaltenen Kassenreserve, „Kredit" geben. Da es sich aber stets um das gleiche Bargeld handelt, das nur von Bank zu Bank um die Kassenreserve verringert wird, ist es einer Mehrheit von Banken möglich, mit diesem Bargeld mehrfach „Kredit" zu gewähren.

Für die theoretische Gültigkeit ist es unerheblich, wie und wie häufig sich die Überschußreserve auf die Banken verteilt. Die Art und die Häufigkeit der Verteilung hätte nur Bedeutung, wenn es einen berechenbaren Kreditschöpfungskoeffizienten gäbe. Als „Kreditschöpfung" bleibt somit nur noch der Sachverhalt übrig, daß das gleiche Bargeld mehrfach zur Kreditgewährung verwendet wird. Banktechnisch ist das möglich und insofern richtig. Der banktechnische Vollzug als solcher ist jedoch keine Basis für eine Theorie. Bei der sukzessiven Verteilung der Überschußreserve auf die beteiligten Banken wird stillschweigend angenommen, daß jeweils der Kreditnehmer und dessen Gläubiger Kunden verschiedener Banken sind, daß deshalb die kreditgebende Bank stets an die Gläubigerbank Bargeld abgeben muß. Die Unterstellung ist für einen Modellablauf vertretbar; praktisch ist ein solcher Ablauf nicht einmal ausgeschlosssen. Die entscheidende Voraussetzung für die sukzessive Kreditgewährung der einzelnen Banken, auf die die Überschußreserve jeweils übergeht, ist jedoch, daß jeder Gläubiger, der von einem Kreditnehmer bezahlt wird, seine Bank kreditiert. Das Gläubigerverhältnis zu seiner Bank muß er außerdem so lange aufrechterhalten, bis die Bank das durch die Kreditgewährung verlorene Bargeld von ihrem Kreditnehmer zurückerhält; denn es kann nicht unterstellt werden, eine Kreditgewährung erfordere in

F. Konsequenzen und Ergebnis

voller Höhe Bargeld, die Verfügung eines Bankgläubigers über sein Bankguthaben hingegen nicht. Welche Unterstellungen dieser Art einem Modellablauf auch immer zugrunde liegen, für die Theorie können sie letzten Endes nur untergeordnete Bedeutung haben. Der grundlegende Gedanke, auf dem die Kreditschöpfungstheorie des Bankensystems ruht, ist der vermeintliche Zusammenhang zwischen Kreditgewährung und Bankguthabenentstehung: das Bankguthaben, das bei der Gläubigerbank entsteht, folgt zwangsläufig aus der Kreditgewährung einer anderen Bank. — Das ist der gleiche Grundgedanke, auf den sich die Kreditschöpfungstheorie der Einzelbank stützt. Die Kreditschöpfungstheorie des Bankensystems zieht also den gleichen Schluß wie die erste Theorie.

Der gemeinsame theoretische Ausgangspunkt beider Theorien erweist sich somit als unhaltbar. Die von den beiden Theorien konstruierten Abläufe sind durchweg Bedingungen unterworfen, für die nicht ausschließlich die einzelne Bank oder das Bankensystem zuständig ist. Bankgeschäftliche Kreditgewährung ist nur dann möglich, wenn die Bank selbst „Kredit" erhalten hat. Ohne Einkauf gibt es keinen Verkauf! Diese marktwirtschaftliche Abhängigkeit schließt eine Kreditautonomie der Banken aus. Die bankgeschäftliche Kreditgewährung ist daher in keinem Fall Kreditschöpfung, sondern ausschließlich Kreditvermittlung.

Das Ergebnis unserer Untersuchung läßt sich abschließend in der schlichten und kurzen Aussage der orthodoxen Kredittheorie zusammenfassen:

,Eine Bank kann nicht mehr Kredit geben,
als sie selbst erhalten hat.'

Literatur

I. Bücher

Andreae, W.: Geld und Geldschöpfung, Stuttgart/Wien 1953.
Bendixen, F.: Geld und Kapital. Gesammelte Aufsätze, 2. Aufl., Jena 1920.
— Das Wesen des Geldes, 2. Aufl., München und Leipzig 1918.
Bochenski, I. M.: Die zeitgenössischen Denkmethoden, 2. neubearbeitete Aufl., München 1959.
Bradford, F. A.: Money and Banking, New York/London 1949.
Braun, W.: Das Liquiditätsproblem der Kreditbanken, Stuttgart 1934.
Cannan, E.: Money, London 1921.
Cassirer, E.: Zur Logik der Kulturwissenschaften. Fünf Studien. 2. unveränderte Aufl., herausgegeben von der Wissenschaftlichen Buchgesellschaft, Darmstadt 1961.
De Viti de Marco, A.: Die Funktion der Bank. Einführung in die gegenwärtigen Geld- und Bankprobleme, Wien 1935.
Dobretsberger, J.: Das Geld im Wandel der Wirtschaft, Bern 1946.
Enderle, W.: Kreditbedarf und Kreditversorgung der Unternehmung. Dissertation, Tübingen 1938.
Feifel, H.: Die Anwendbarkeit der modernen Kreditschöpfungslehre auf die besondere Art des Sparkassengeschäfts, Berlin 1959.
Föhl, C.: Geldschöpfung und Wirtschaftskreislauf, 2. Aufl., Berlin 1955.
Forstmann, A.: Geld und Kredit, Göttingen 1952.
v. Freytag gen. Lörringhoff, Baron B.: Logik. Ihr System und ihr Verhältnis zur Logistik, 2. verbesserte Aufl., Stuttgart 1957.
Gestrich, H.: Kredit und Sparen, 3. Aufl., herausgegeben von Walter Eucken, Düsseldorf und München 1957.
Gilbart, J. W.: The History, Principles and Practice of Banking, London 1892.
Hahn, L. A.: Volkswirtschaftliche Theorie des Bankkredits, 3. Aufl., Tübingen 1930.
Hayek, F. A.: Geldtheorie und Konjunkturtheorie, Wien und Leipzig 1929.
v. Halle, E. L.: Die Hamburger Girobank und ihr Ausgang, Berlin 1891.
Hellwig, H.: Kreditschöpfung und Kreditvermittlung. Untersuchungen über den modernen Inflationismus, Stuttgart 1958.
Heyde, J. E.: Entwertung der Kausalität? Für und wider den Positivismus, Stuttgart 1957.
Holzer, H.: Zur Axiomatik der Buchführungs- und Bilanztheorie, Stuttgart 1936.
Keynes, J. M.: Vom Gelde, München und Leipzig 1932.
Knapp, G. F.: Staatliche Theorie des Geldes, 4. Aufl., München und Leipzig 1923.
— *Bendixen*, F.: Zur Staatlichen Theorie des Geldes. Ein Briefwechsel 1905—1920, ausgewählt und herausgegeben von Kurt Singer, Basel/Tübingen 1958.

Lautenbach, W.: Zins, Kredit und Produktion, herausgegeben von Wolfgang Stützel, Tübingen 1952.
Leaf, W.: Banking, London 1927.
Lierow, H.-J.: Der Geldschöpfungskoeffizient der Kreditbanken in der Bundesrepublik, Berlin 1957.
Linhardt, H.: Bankbetriebslehre, Band I, Bankbetrieb und Bankpolitik, Köln und Opladen 1957.
— Bankbetriebslehre, Band II, Bankbilanzen, Köln und Opladen 1960.
Machlup, F.: Der Wettstreit zwischen Mikro- und Makrotheorien in der Nationalökonomie, Tübingen 1960.
Macleod, H. D.: The Theory and Practice of Banking, 2 Vol., 5th ed., London 1892.
Mannstaedt, H.: Ein kritischer Beitrag zur Theorie des Bankkredits, Jena 1927.
Marbach, F.: Die Kreditschöpfung der Handelsbanken und das Postulat der Verstaatlichung des Kredits, Bern 1947.
Marx, K.: Das Kapital. Kritik der politischen Ökonomie, herausgegeben von Friedrichs Engels, Berlin 1951.
v. Mises, L.: Human Action. A Treatise on Economics, London, Edinburgh, Glasgow 1949.
Moscow, J.: Het problem van de geld- en crediestschepping door de particuliere banken. Dissertation, Amsterdam 1935.
Moll, B.: Logik des Geldes, 4. Aufl., Berlin 1956.
Nöll von der Nahmer, R.: Der volkswirtschaftliche Kreditfonds. Versuch einer Lösung des Kreditproblems, Berlin 1934.
Phillips, Ch. A.: Bank Credit. A study of the principles and factors underlying advances made by banks to borrowers, New York 1920.
Pöschl, A.: Produktive Kreditschöpfung, Berlin 1938.
Polak, N. J.: Grundzüge der Finanzierung mit Rücksicht auf die Kreditdauer, Betriebs- und finanzwirtschaftliche Forschungen, II. Serie, Heft 25, 1926.
Rieger, W.: Einführung in die Privatwirtschaftslehre, Nürnberg 1928.
Rist, Ch.: Geschichte der Geld- und Kredittheorien. Von John Law bis Heute, Bern 1947.
Rittershausen, H.: Bankpolitik. Eine Untersuchung des Grenzgebiets zwischen Kredittheorie, Preistheorie und Wirtschaftspolitik, Frankfurt/Main 1956.
Röpke, W.: Die Lehre von der Wirtschaft, 8. durchges. Aufl., Erlenbach-Zürich und Stuttgart 1958.
Sayers, R. S.: Modern Banking, 5 th ed., Oxford 1960.
Schilcher, R.: Geldfunktionen und Buchgeldschöpfung. Ein Beitrag zur Bank- und Geldtheorie, Berlin 1958.
Schinnerer, E.: Bankverträge I. Teil, Wien 1957.
Schlegelberger: Handelsgesetzbuch, erläutert von Geßler, E., Hefermehl, W., Hildebrandt, W., Schröder, G., 3. überarbeitete Aufl., Berlin und Frankfurt a. M. 1956.
Schmalenbach, E.: Kapital, Kredit und Zins in betriebswirtschaftlicher Beleuchtung, 2. Aufl., Köln und Opladen (o. J.).
Schneider, E.: Einführung in die Wirtschaftstheorie, III. Teil, Geld, Kredit, Volkseinkommen und Beschäftigung, 6. verbesserte und erweiterte Aufl., Tübingen 1961.
v. Schulze-Gaevernitz, G.: Die deutsche Kreditbank, Tübingen 1922.

Schumpeter, J.: Theorie der wirtschaftlichen Entwicklung. Eine Untersuchung über Unternehmergewinn, Kapital, Kredit, Zins und den Konjunkturzyklus. 2. neubearb. Aufl., München und Leipzig 1926.
Seischab, H.: Die Funktionen und der Wertumlauf der Banken, Stuttgart 1938.
Somary, F.: Bankpolitik, 3. Aufl., Tübingen 1934.
v. Spindler-Becker-Starke: Die Deutsche Bundesbank. Grundzüge des Notenbankwesens und Kommentar zum Gesetz über die deutsche Bundesbank, Stuttgart 1957.
Stucken, R.: Geld und Kredit, 2. Aufl., Tübingen 1957.
Stützel, W.: Volkswirtschaftliche Saldenmechanik. Ein Beitrag zur Geldtheorie, Tübingen 1958.
Thomas, K.: Ausleihungen, Diskontierungen und Wertpapieranlagen der Kreditbanken, Berlin 1956.
Vogel, E.: Das Buchgeld als Mittel einer bargeldlosen Geld- und Kreditzirkulation, Berlin 1938.
Voigt, F.: Der volkswirtschaftliche Sparprozeß, Berlin 1950.
Wagner, V. F.: Geschichte der Kredittheorien. Eine dogmenkritische Darstellung. Wien 1937.
Walker, K.: Das Buchgeld, Heidelberg und Ziegelhausen 1951.
Wendt, S.: Probleme der Geldschöpfung, Minden i. W., 1948.
Wicksell, K.: Geldzins und Güterpreise. Eine Studie über die den Tauschwert des Geldes bestimmenden Ursachen. Jena 1898.
Withers, H.: The Meaning of Money, London 1924.
Worret, F.: Bankpolitik als Machtfrage, Berlin 1956.
Zimmerer, C., Schönle, H.: Kreditwesengesetz. Systematische Einführung und Kommentar, Wiesbaden 1962.

II. Aufsätze und Beiträge in Zeitschriften und Sammelwerken

Bolza, H.: Entstehung und Bedeutung des Giralgeldes, in: Jahrbücher für Nationalökonomie und Statistik, Bd. 157, 1943.
v. Bortkiewicz, L.: Das Wesen, die Grenzen und die Wirkungen des Bankkredits, in: Weltwirtschaftliches Archiv, 17. Bd., 1921.
Bouniatian, M.: Die vermeintlichen Kreditkreierungen und Konjunkturschwankungen, in: Jahrbücher für Nationalökonomie und Statistik, Bd. 136, 1932.
Carus, C.: Über Begriff und Vorgang des Entstehens, in: Verhandlungen der Kaiserlichen-Leopoldinischen-Carolinischen Akademie, 1895, S. 139 bis 152; Neudruck in: Carus, C.: Grundzüge allgemeiner Naturbetrachtung, herausgegeben von der Wissenschaftlichen Buchgesellschaft, Darmstadt 1954.
Eisfeld, C.: „Bankbetrieb", „Bankpolitik", „Kreditbanken, private", Beiträge in: Handwörterbuch der Betriebswirtschaft, 3. völlig neu bearbeitete Aufl., herausgegeben von Hans Seischab und Karl Schwantag, Stuttgart 1956/1962.
Fettel, J.: Betriebswirtschaftslehre als Geisteswissenschaft. Zu Wilhelm Riegers 80. Geburtstag, in: Zeitschrift für Betriebswirtschaft, 1958.
Gestrich, H.: Kredittheorie und Wirklichkeit, in: Weltwirtschaftliches Archiv, Bd. 52, 1940.
— Neue Kreditpolitik, in: Ordnung der Wirtschaft, Heft 3, 1938.

Hagenmüller, K. F.: Die Bedeutung von Krediteinweisungen und Kontoüberziehungen für Geldschöpfung und Gelddisposition, in: Zeitschrift für handelswissenschaftliche Forschung, N. F., 8. Jg., 1956.

Hahn, O.: Die Geldschöpfungskapazität einer Girobank in betriebswirtschaftlicher Betrachtung, in: Blätter für Genossenschaftswesen, Jg. 107, 1961.

Hellwig, H.: Die Kredittheorie des Bankiers, in: Zeitschrift für das gesamte Kreditwesen, 1960.

Kellenberger, E.: Kreditschöpfung und Geldschöpfung, in: Wirtschaftstheorie und Wirtschaftspolitik, Festschrift für Alfred Amonn, Bern 1953.

Lautenbach, O.: Das Märchen vom Buchgeld, in: Blätter der Freiheit, Jg. 1, 1947, Heft 2.

Lincke, B.: Zinspolitik, in: Zeitschrift für die gesamte Staatswissenschaft, Bd. 106, 1950.

Linhardt, H.: Die Unternehmung im Wandel von Geld und Währung, in: Nürnberger Abhandlungen, Heft 4, 1954.

— Die deutsche Kreditpolitik unter dem Gesichtspunkt des Wettbewerbs, in: Wirtschaft und Wettbewerb, Jg. 6, 1956.

— Rezension zu: Hellwig, H., Kreditschöpfung und Kreditvermittlung, in: Schmollers Jahrbuch für Gesetzgebung, Verwaltung und Volkswirtschaft, 78. Jg., 1958, I. Halbband.

Lutz, F.: Das Grundproblem der Geldverfassung, in: Ordnung der Wirtschaft, Heft 2, 1937.

Mayer, H.: Die „multiple" Geldschöpfung der Banken, in: Zeitschrift für das gesamte Kreditwesen, 9. Jg., 1956.

Möller, Hans: Ordnung der Wirtschaft, Bemerkungen zu der Schriftenreihe „Ordnung der Wirtschaft", in: Archiv für mathematische Wirtschafts- und Sozialforschung, Bd. 5, 1939.

Moeller, Hero: Gleichschritt der Banken, in: Weltwirtschaftliches Archiv, Bd. 70, 1953.

Miksch, L.: Die Geldschöpfung in der Gleichgewichtstheorie, in: Ordo, Bd. 2, 1949.

Mülhaupt, L.: Der Prozeß der multiplen Giralgeldschöpfung in einem Zweibankensystem, in: Zeitschrift für handelswissenschaftliche Forschung, N. F., 9. Jg., 1957.

Muthesius, P.: Die Bankiers und die Kredittheorie, in: Zeitschrift für das gesamte Kreditwesen, 1960.

Neißer, H.: Der Kreislauf des Geldes, in: Weltwirtschaftliches Archiv, Bd. 33, 1931.

Neuhauser, G.: Versuch einer kreislauftheoretischen Analyse der bankmäßigen Geld- und „Kreditschöpfung", in: Schweizerische Zeitschrift für Volkswirtschaft und Statistik, 91. Jg., 1955.

Perger, A.: Die ontologische Stellung des Kredits, in: Österreichisches Bankarchiv, 8. Jg., 1960.

Plenge, J.: Kapital und Geld, in: Weltwirtschaftliches Archiv, Bd. 24, 1926.

Preiser, E.: Der Kapitalbegriff und die neue Theorie, in: Die Unternehmung im Markt, Festschrift für Wilhelm Rieger, Stuttgart/Köln 1953.

Reisch, R.: Die Deposit-Legende in der Banktheorie, in Zeitschrift für Nationalökonomie, Bd. 1, 1930.

— Hahns Volkswirtschaftliche Theorie des Bankkredits, in: Weltwirtschaftliches Archiv, Bd. 33, 1931.

— Begriff und Bedeutung des Kredits, in: Weltwirtschaftliches Archiv, Bd. 37, 1933.

— Die neue Geld- und Kreditpolitik, in: Zeitschrift für Nationalökonomie, Bd. 8, 1937.
Stenzel, J.: Sinn, Bedeutung, Begriff, Definition. Ein Beitrag zur Sprachmelodie, in: Jahrbuch für Philologie, I. Bd., 1925; erschienen als Sonderdruck der Wissenschaftlichen Buchgesellschaft, Darmstadt 1958.
Valentin, O.: Gibt es Buchgeld?, in: Blätter der Freiheit, Jg. 1, 1947, Heft 6.

III. Nachschlagewerke

Handbuch des gesamten Kreditwesens, herausgegeben von Walter Hofmann, 6. völlig neubearbeitete Aufl., Frankfurt/M. 1960.
Philosophisches Wörterbuch, begründet von Heinrich Schmidt, 13. neubearbeitete Aufl. von Justus Streller, Stuttgart 1955.
Trübners Deutsches Wörterbuch, begründet von Alfred Götze, herausgegeben von Walther Mitzka, Berlin 1954/57.
Wörterbuch der philosophischen Begriffe, herausgegeben von Johannes Hoffmeister, 2. Aufl., Hamburg 1955.

Printed by Libri Plureos GmbH
in Hamburg, Germany